# 优雅的理性

用经济学的眼光看世界

熊秉元 著

东方出版社

图书在版编目（CIP）数据

优雅的理性 / 熊秉元 著. —北京：东方出版社，2013.7
ISBN 978 - 7 - 5060 - 6521 - 4

Ⅰ.①优…　Ⅱ.①熊…　Ⅲ.①经济学-文集　Ⅳ.①F0-535

中国版本图书馆 CIP 数据核字（2013）第 154811 号

**优雅的理性**
（YOUYA DE LIXING）

作　　者：熊秉元
责任编辑：王　端
出　　版：东方出版社
发　　行：人民东方出版传媒有限公司
地　　址：北京市东城区东四十条 113 号
邮政编码：100007
印　　刷：北京汇瑞嘉合文化发展有限公司
版　　次：2014 年 1 月第 1 版
印　　次：2018 年 4 月第 12 次印刷
印　　数：40 001—48 000 册
开　　本：880 毫米×1230 毫米　1/32
印　　张：7.25
字　　数：160 千字
书　　号：ISBN 978 - 7 - 5060 - 6521 - 4
定　　价：42.00 元
发行电话：(010) 85924663　85924644　85924641

## 感受经济学的理性之美

秉元"巨侠"的名头很早就听说过。十年前我们同在香港城市大学做访问学者时相识，一见如故，成为好友。此后不断收到他发来的短文和寄来的著作，书房里他的文集就有十来本。他对波斯纳法官推崇备至："对读者而言，即使阅读的速度追得上他下笔的速度，他知识的广度和深度也令人望尘莫及，甘拜下风"。我看这句话也可用来形容他自己，至少对我这个读者是如此。

《优雅的理性》是"熊巨侠"的新作。一看书名，就知道是用他一贯优雅的文字向读者介绍经济学的思维方式。优雅、顾名思义，优美、精致、高雅，这一点，"熊巨侠"可谓文如其人。这位在台湾地区家喻户晓、在华人经济学界被誉为"四侠"之一的"熊老弟"（张五常语），在经济学领域的造诣，仅当年他在国际知名学术期刊上发表论文推翻著名的"科斯定理"一项便可以管窥豹，只不过，为大陆读者所熟知，是因为他的另一个身份——法律经济学家。而工作和生活中的"熊巨侠"，其睿智、博学、风趣以及举手投足之间的温文尔雅，更彰显大家风范。"理性经济人"是经济学最基本的假设，《优雅的理性》中的"理性"，自然是经济学的代名词。但此处的经济学，有别于"经世济民"的"庙堂经济学"，而是如何用经济学思维方式观察真实世界的"百姓经济学"。优雅加上理性，所流淌出来的自然是经济学的理性之美。

巨侠喜欢拿他们家"小犬"说事，本书中就时有提及，而"小犬"正好不会经济学思维方式，于是，在本书中，秉元教授领着小犬大犬、各路神仙、芸芸众生一起遨游大千世界，一路讲述有趣的故事，分析背后的经济学道理。71篇短文，分为人生哲思、理性与感性、社会观察、两岸漫游四个部分。抽象如人生目标、公平正义、道德伦常，具体如面包买卖、汽车擦碰都能施以经济分析，讲出个一二三四。遇到挑战亦毫不退缩。如《正义的刻度》中对质疑者的尖刻批评毫不客气，称其"经不起理论和事实的检验，……也许有益于宣泄自己的荷尔蒙，却于事无补。"

霸气来自于底气。秉元浸淫经济学几十年，两根钓鱼竿既钓大鱼，又钓小鱼。经济学学理研究的"大鱼"能钓着，应用分析的"小鱼"自不在话下。霸气、底气又源于经济学的底蕴。经济学是研究资源配置的学问，"用最小的成本获得最大的收益"被视为经济学的圭臬。过去经济学主要研究物质财富的生产与分配，通俗地讲是关于"发财"的学问。《国富论》讲一个国家如何发财，"投资组合理论"等教个人如何发财，《资本论》则是让没有希望发财的人变个法子发财——推翻私有制，剥夺剥削者！所以成为"工人阶级的圣经"。后来人们发现，不光是经济行为，非经济行为也要耗费资源，也有个成本效益问题。于是各种各样非经济的经济学也出来了，如军事经济学、卫生经济学、教育经济学、生育经济学、法律经济学、犯罪经济学……等等。再后来，发现动物的行为也要讲究成本与效益，由此又有了"动物经济学"。《优雅的理性》就有一篇讲蚂蚁和蜜蜂的经济思维。

我的经济学没秉元学得好，底气也没他足。总觉得所有人文社会科学都是从不同层面解读人的行为，都是"人学"。经济学只是其中一种，不能包打天下。2002 年，时任浙大人文学院院长的金庸先生倡导经济与文化的"联姻"，主持召开了"新经济条件下的生存环境与中华文化"国际研讨会。我在发言时调侃了一番"爱情经济学"，讲了一个真实的故事：有个经济学界的朋友找我探讨他应该找什么老婆，我主张他不要找太年轻、太漂亮的。他惊讶：为什么？我说，从经济学上分析，年轻漂亮老婆的边际收益急剧递减，不出两年就审美疲劳，但成本持续增加。搜寻成本、信息成本、谈判成本、签约成本、履约成本……都很高，骗到手后保管成本、维修成本、产权界定成本都高；万一不行了，重置成本更高，"曾经沧海难为水"……一番话讲得他连连称是。但没过多久，他就带了个年轻漂亮的老婆来见我。

我的本意是想吹捧一下在场的文学家，说他们雅，我们俗。同时想消减一下"经济学帝国主义"的威胁：即使经济学的道理成立，人们的行为也不一定按经济逻辑做。没想到，有好事者把我这番话刊登在当地《浙江科技报》上，还加了一个耸人听闻的大标题："姚先国教授说：不能找漂亮女人做老婆！"让我大惊失色，叫苦不迭！作为一个男人，哪怕半点荷尔蒙都没了，也不愿被天下美女咒骂。作为一个经济学者，更不愿意美女们找不到老公，那可是资源的极大浪费！

学了爱情经济学，不一定找得到好老婆。学了金融经济学，也不一定能发财。有些著名经济学家，投资、炒股都赔得一塌糊涂。学经济学到底有什么用？各位看客，还是跟着"熊巨侠"在观察真实世界、解读社会现象中感悟吧！能否变得更加理性，更加聪明，就要看各自的悟性了。

如果读了此书，自以为掌握了"成本最小化、收益最大化"的真谛，时时处处锱铢必较，寸利必争，请女朋友吃顿饭回来也捶胸顿足："花那么多钱，手都没拉一下，亏大了！"结果恐怕难免是孤家寡人，光棍一条。到那时候，如果抱怨说不该读《优雅的理性》，那我可得说句公道话："要怪只能怪自己，怪不得秉元老弟！"

姚先国

浙江大学公共管理院院长

写于 2013 年 6 月 25 日

目录 | Contents

## 第二部　经济学家的理性与感性：悲剧是无解的吗

## 第三部　经济学家的社会观察：
## 　　　　当多数人都是输家时

## 第四部　经济学家的两岸漫游：
##　　　　在历史的足迹里迷惘

第一部

经济学家的人生哲思：
何不潇洒一些

第一部的主轴，是人生哲思；如果对作者的描述有质疑、不解或犹豫的部分，不妨先做个记号；重要的不是自己的判断如何，而是能否为自己的判断提出合于情理的解释。多多琢磨，或许有自己意想不到的发现和收获！

# 为人生目标做经济分析

有目标比没目标好，做错比不做好。设法改善自己的目标，大致上不会错。

诺贝尔经济学奖得主布坎南（James M. Buchanan，1919—2013）曾在一篇论文里提到："人和动物的差别，是人能试着改善自己！"

就逻辑上来说，布氏的话至少有两点值得细究。首先，动物难道不会试着改善自己，增加自己存活繁衍的机率？其次，人普遍的会设法改善自己吗？游民、尸位素餐、饱食终日等人，似乎是反证。不过，众所周知，布氏是思想家、哲学家、不擅长实证研究；因此，这句话与其说是事实陈述，不如说是他的信念，或是他想宣传的教义。

很多经济学者会表示，基于尊重消费者主权，人有选择的自由，要不要寻求改善自己，该由每个人自己决定。当然，其他的经济学者会指出：改善自己与否，并不是关键所在。

由经济分析的角度着眼，更根本的问题是，人最好有生活的目标，而改善自己，只是诸多可能的目标之一而已。

有目标的好处，是思考上有一个明确的参考坐标。对于生活里的大小事物，可以依这个坐标决定取舍。而且，点点滴滴累积之后，会慢慢向目标靠近。没有目标，就像失去方向舵的船，漂浮而无所适从。那么，如果人生有目标，目标又是改善自己，经济分析帮得上忙吗？对于这一点，精确地说，经济学帮不上忙。不过，大千世界处处有智慧，至少有三种明确的做法。

首先，是终极目标法。在《高能人士的七个习惯》（*The Seven Habits of Highly Effective People*）这本畅销书里，作者柯维（Stephen R. Covey）提醒读者：每个人可以自问，当你过世之后，在自己的墓碑上，希望家人朋友镌刻哪些字眼？如果在墓碑上，希望刻上的是："这里长眠的，是一个正直、爱家庭、乐于助人的人。"那么就以这个碑文为目标，作为为人处世的最高指导原则。只要念兹在兹，认真奉行，经年累月之后，自己就会成为具有这些特质的人。

其次，是典范认定法。无论哪一个社会，通常都鼓励学童和年轻人阅读伟人传记或文学家、音乐家、科学家的自传，譬如：爱迪生、牛顿、居里夫人、海伦·凯勒、巴顿将军、岳飞等等的传记或自传。透过这些作品，读者往往可以深切体会，成功不是偶然的，在亮丽炫目的果实背后，往往是辛勤耕耘、历经起伏。在年幼时读这些作品，可以找到自己仰慕心仪的对象；如果作为人生的典范或标杆，也就有雕塑自我和引领人生的作用。成人之后，读的多半不是传记，而是理财或美容养生等书籍。

最后，是阶段性目标法。前面两种做法，是设定一个长远的目标，然后朝目标努力。相形之下，第三种做法，是不设定长远目标，但设定阶段性的目标，逐步完成。当阶段性目标陆续达成后，不知不觉的就累积出可观的成果。

具体而言，考虑自己目前的状况，设定一些阶段性的目标。譬如：自己英文比较弱，就设定目标，每周看一篇《时代周刊》（Time）上的文章；一年之后，希望能一周看两篇文章，而且查字典的次数慢慢减少。

或者，自己喜欢音乐，就加入相关网站，扩充音乐方面的认知能力，希望一年之后，在自己的部落格里，能开始写乐评。无论如何，这三种做法只是技巧，但很有参考价值。重点是，有目标比没目标好，错比不做好。设法改善自己的目标，大致上不会错。

布坎南的论点，有点宗教情操式的呼吁。然而，他年过八十依然孜孜不倦，清晨四时即起，他的行谊，可以说是为自己的立场做了最佳的批注（即使和经济分析没有直接的关联）！

# 生命的比拟

一件事物的意义，是由其他事物所衬托而出，是被充填和被赋予的。

对于生命（主要是指动物和人类）的礼赞歌咏、感叹神伤，史不绝书。"视死如归"，是把生命看得稀松平常，像回家吃晚饭一般；"人命如草芥"，是把乱世时的生命，比拟为随风飘荡的种子。

生命本身的意义到底如何，似乎不容易有定论，但是借着各种极尽巧思的比拟，可以对生命有更深刻的体认。而且，抽象来看，这种比拟和譬喻，还透露出一个重要讯息：一件事物（包括生命）的意义，是由其他事物所衬托而出，是被充填和被赋予的。

不同的学科里，对生命有轻重不同的论述。在法学论述里，生命的意义是重要无比的课题。历来的法学巨作，也一向对生命赋予崇高尊贵的地位。然而，绝大部分的讨论，是以道德理念为基础，再诉诸古今中外哲学家的权威。相形之下，以比拟的方式琢磨生命的内涵，或许能带来一些新意。譬如死刑和器官买卖，就是两个既生动又争议不断的议题。

反对死刑的诸多理由，理直而气壮，掷地有声，毋庸赘述。但是，据我所知，有一个赞成死刑的理由，从来没有在文献上出现过。具体而言，两军在战场上交战时，兵戎相见，不是你死，就是我亡。打仗不是请客吃饭，兵者死生之事也。对于敌人，无须也无从怜悯；剥夺敌人的生命，就是保障和捍卫自己的生命。既然如此，对于社会外部的敌人（敌军）可以毫不犹豫地剥夺其生命，那么，对于社会内部的敌人（连续杀人、结伙抢劫、性攻击并杀害幼童等等的罪犯），为什么不能剥夺其生命呢？

战场上的敌军，大多只是平凡的小老百姓，彼此之间未必有深仇大恨，更没有个人恩怨，只因为刚好是敌我，就一律杀无赦！对比之下，社会内部的敌人，对被害人和被害人家属，固然造成惨痛的伤害；对于社会上其他人，也带来沉重的威胁和阴影。这些"敌人"危害和可憎的程度，难道一定小于战场上的敌军吗？那么，为什么可以剥夺社会外在敌人的生命，却不能剥夺社会内在敌人的生命？

另一方面，在现代文明社会里，毫无例外一律禁止器官买卖。然而，法令明文禁止，并不意味着不存在。事实上，随着科技的进展，医疗的人力物力愈益充沛，器官移植在技术上已经渐趋成熟。黑市里的器官买卖，早已不是新闻。因此，对于许多器官的移植而言，手术的风险已经不再是主要的障碍，反对的理由，还是历来对生命、身体的认知。

以换肾为例，目前许多国家都接受亲友捐赠的做法；或者，意外死亡者和死刑犯，也可以捐出器官，造福需要换肾的人。然而，和需要的人相比，法令所允许的供给只是杯水车薪。肾功能出问题的人，只好借助于洗肾，然后经历漫长等待岁月的煎熬，除了生理和心理上的折磨之外，也耗费极其可观的医疗资源。

那么，以洗肾延续生命，是一种做法；经过适当程序，允许某种程度的器官买卖，以换肾来充填生命，是另外一种做法。考虑两种做法所涉及的人力物力，考虑患者本身的尊严和生活质量，也考虑器官买卖可能带来的纠纷，目前这个依赖洗肾和禁止器官买卖的组合，一定比较好吗？

以社会的外部敌人、内部敌人来思索死刑的做法，以洗肾、器官买卖来思索肾脏病患者的际遇，都是借着比拟对照的方式，对生命的意义做某种充填。当然，这种比拟的好坏，值得和其他的比拟作一对照。


## 不同阶段，不同角色

在每一个逗点上，他可以想想，自己的角色扮演得如何。


记得儿子刚考完大学联考时，玩得不见踪影。我要他以千字的篇幅，做阶段性的省察，就像他小学和初中毕业时一样。对我而言，也值得在这个时点上，略为回顾。毕竟，过去的十八年，不是短暂的岁月；而往后的日子，他将是脱缰之马，和我渐行渐远。我最好早为之计，做好心理准备。不过，在儿子眼中，我是父亲，也是经济学者。因此，我一直很好奇，父亲和经济学者这两种身份，对他的意义到底如何？

当父母的人都很清楚，随着子女年龄增长，他们对父母的评价会越来越低；我当然不例外，而且我还清楚记得，他崇拜仰慕我的那段美好旧时光。其中一个场景，我印象特别深刻。

他五六岁左右时，有次我们一起搭公交车，路程长，便玩起猜谜游戏。自己心里先想好一个谜底，然后由对方发问，借着一连串的问题，把谜底猜出来。来回了几次之后，轮到由他想谜底、我提问。我一眼看到他盯着我的眼镜，因此他才刚说想好谜底，我问都没问，直接说出谜底：眼镜！登时，他脸上露出惊喜仰慕的眼神和表情，那种模样前所未有，也只出现过那么一次。

当然，从小他就知道我是经济学者，他从我这儿听到的很多故事，都和经济学的思维有关。其中之一，是面包店的故事。大约在他读小学二三年级时，我问他：如果他开了家面包店，那么他会做十种或是一百种面包？"一百种"，他毫不犹豫地说。我不作藏否，但是娓娓道来相关的考虑：对面包店的师傅而言，做一百种面包要花很多心思时间，做十种则要容易得多。对买面包的人来说，一百种面包当然大有吸引力；可是，要在一百种里选来选去，也得耗费很多时间。

如果只有十种，可能反而容易选，虽然种类少了许多！也许，童话世界里满房间玩具、满桌子巧克力、满屋子各式面包的景象，从此由他的脑海里消失。经济思维是否就此萌芽，当然不得而知。

不过，即使不是大喇喇地援用经济学的专有名词，生活里的许多点滴，总是不经意反映了我的思维背景。他每周的零用钱，固定在周末收拾完房间之后才能开口。可是，他个性松散，又衣食无虞，从来没缺过钱，对零用钱也就满不在乎。数不清有多少次，他会哀怨地说，好像有好几周没拿零用钱了，我的回应总是千篇一律：自己的权益自己不照顾，要怪谁？自己维护自己的权益，成本低；别人借箸代筹，成本高。

无论经济思维的浓淡如何，生活毕竟就是柴米油盐酱醋茶、子女眼中的父母，自然不会是四平八稳、光鲜亮丽。我在儿子心目中的地位，两桩小事可见其余。

小学六年级时，他班上同学的父母轮流在早自习时介绍自己的专长。有位小朋友的父亲是飞将军，穿着笔挺的制服，介绍各式战机的特性和外形。小朋友们目不转睛，无限神往。妈妈听完儿子的描述，问他为什么不请自己的爸爸到班上露面。"可是，他只是教授啊！"儿子的口气不胜惋惜悲切！这种心理似乎与日俱增，上高中后有次他住院，差遣我四处找漫画店，帮他租漫画。他明白表示，我的功能就剩下帮他租漫画！

还好，在他高二时，学校《公民》课本的经济学部分，是我所撰写，而他的某位女性同学是我的读者，对我的书颇有好评。由老师和朋友口中，他似乎才渐渐知道，自己的爸爸不是那么不堪，言谈举止之间，偶尔出现一点小小的客气。据他说，进了大学之后，大一就会修我的《经济学》。这倒是令我稍有期待，看看借由课堂上的论对，他对我的敬意是不是会慢慢增加，即使回不到他小时候全盛期的状态！

无论如何，对他和我来说，现在都只是逗点。当他有了专业技能、开始工作，当他娶妻生子、有自己的家小，将是陆续而来的逗点。在每一个逗点上，他可以想想，自己的角色扮演得如何；而我当然也可以陆续琢磨，自己一路走来表现又是如何——就一个经济学者、父亲的角色而言。

## 喜怒哀乐的经济逻辑

*人不是情感的动物，人是成本效益的动物！*

十八世纪的哲学家休谟（David Hume，1711—1776）尝言："理智是情感之奴。"（Reason is a slave of the passions.）这是文言文，白话文是："人是情感、情绪的动物！"

无论是文言或白话，对于喜怒哀乐、爱恨情仇等等，历来的哲学家和一般社会大众，无不认为是驾驭人的原始力量。

人为情感、情绪所使唤，即使是少得可怜的理性、理智，也只是居于被支配和奴役的地位。人的景况，真是可悯和可悲。

然而，刚过世不久的法国人类学家列维·斯特劳斯（Claude Lévi-Strauss, 1908—2009）提醒世人：原始部落里看来古怪奇特，甚至是荒诞不经的仪式举措，其实都有迹可寻。而且，种种作为反映了他们的世界观，背后有共同的逻辑。这位大师的见解，相当程度改变了学界和世人对原始部落的认知。

当然，原始部落人们的逻辑，和现代物理、化学、数学、经济学等等学科所架构的逻辑，显然不太一样。那么，对于喜怒哀乐和爱恨情仇等情怀，现代科学是不是也有新的、不同的解读呢？

行远自迩，先从简单的情境开始琢磨。如果人真的是情绪的动物，那么动物一旦受到环境里的刺激，会直接不假修饰地表达喜怒哀乐。可是，非常奇怪，每个人都可以自问：被父母师长责备时，有多少人会回嘴或怒目以对？对于上司或面试的主考官，有多少人会直接宣泄心中不满的情绪？大概不多，除非打定主意"此处不留人"！

可见得，对于情绪的运用，还是有规则可循。一言以蔽之，喜怒哀乐的逻辑，就是简单的成本效益。对上司、主考官、指导教授发怒的成本高而效益低，因此不值得这么做，做了不划算！

不过，扪心自问，很多人把气往父母、手足身上出，对于朋友却客气有礼得不得了：宁愿得罪家人，却不愿意对朋友稍稍失礼。似乎，家人比不上朋友，这又是为什么？

这种现象，所在多有，看起来奇怪，其实一点就明，而且毋庸外而求也，就是成本效益的考虑：得罪家人，家人还是家人，血总是浓于水；可是，得罪了朋友，朋友可能就不再是朋友，甚至变成敌人。因此，无须掰脚趾头加减计算就知道，得罪朋友成本高而效益低，得罪家人则反之。万物之灵的人们，自然会去彼取此。

可是，另一种心境感怀，似乎也屡见不鲜：得罪朋友时，不会有罪恶感；做了对不起父母、让父母失望的事，往往有浓厚的罪恶感。怎么回事？这种对比，其实也不难解释。传统社会里，家庭要发挥生产消费、储蓄保险等功能，家人一起面对大自然的考验，一起度过人祸天灾。伦理关系紧密，才能够同舟共济。要使父母子女之间关系紧密，最好在观念上发展出支持的对应条件；父慈子孝的观念，就是支持伦常结构的重要条件。

然而，这不是有点矛盾吗？可以得罪家人，却不愿意得罪朋友；可是，对不起父母时会觉得歉疚神伤，对不起朋友时却没有类似的感受。为什么？稍稍琢磨就可以体会，这种表面上的矛盾，正反映了人在处理情绪时的粗致细微处。朋友是一时的，父母是永久的。因此，小的利害上，可以以朋友为重，牺牲父母家人；在长远的考虑上，当然还是要呵护父母家人的权益。

由此可见，对于爱恨情仇及喜怒哀乐的运用，人们还是自觉不自量、有意无意地受到成本效益的影响。精确具体来说，人不是情感的动物，人是成本效益的动物！理智不是情感的奴隶，情感才是受到理智的驾驭和节制！

事实上，喜怒哀乐的情怀，值得仔细琢磨，而不是哲学家式一厢情愿的认定。追根究底，在大自然的演化过程里，万物之灵的人也经历了漫长的蜕变。喜怒哀乐、爱恨情仇等等，都是这个漫长过程的结晶。

在粗浅的程度上，生物有暖饱情欲的需求，一旦需求得到满足，生物体自然发出讯号，无须再做探寻。因此，胃里塞满食物之后，会有"饱"的感觉；身上有衣物之后，会有"暖"的反应。同样的道理，喜怒哀乐等情怀，也是一种生物上的反应，反映了生物体所面对或经历的情境。在河里捕着了鱼，会觉得欣喜；到口的肥肉丢了，会觉得愤怒，如此等等都是生理上自然而然的反应。

比较重要的，是这些生理上的反应，除了是生物体的宣泄之外，还有非常积极的作用。具体而言，每一个人生，都可以看成是多回合的赛局（a repeated game）。这一回合所发生的事，对未来会产生影响。因此，喜怒哀乐的情绪，是对已经发生之事的反应；除此之外，也对未来有提醒、警示、刺激、诱发的作用。譬如，学习或工作上达到目标，得到嘉勉，有了"喜悦"的情怀；这种肉体和心理上的状态，会诱发往后的行为，希望能带来更多类似的情怀。

在更抽象的层次上，喜怒哀乐等情绪和理性合纵连横，发挥互补和合作的功能，希望能保障和增进生物体的福祉。譬如，讨价还价不成，"一气之下"掉头而去；左思右想犹豫不决，"血气之勇"直接示爱等等。因此，情绪等于是一种规则（stopping rule），指示生物体放弃眼前的道路，转换到另一条轨迹上！

原始社会里的仪式规矩，有共同的逻辑，值得以理解之。同样的道理，人类喜怒哀乐和爱恨情仇等情绪，也有隐藏其下的逻辑，值得以理解之——这个世界是有意义的。

# 道德情操小论

道德观念一旦建立，有点像是全年无休的发电机，是驱动行为的原动力。

"人之异于禽兽者，几希？"这是大哉问，考验了历代的哲学家们。有些哲学家认为，人和动物的主要差别，是人有道德而动物没有。对于这个问题，当代的哲学家兼名嘴之一认定："如果是台大学生，如果是吃饱饭等死，就和动物没两样！"

这种观点的是非曲直如何，当然众说纷纭；不过，在智识上更有趣味、更有挑战性的问题，是道德到底由何而来，作用和性质又是如何？

首先，正本清源，先确定道德的意义。根据《简明牛津字典》，道德的意义包括"关于约束和节制行为"，以及"和区分对错有关"。也就是，道德涉及价值判断，如同人们心中的一把尺，会影响人的行为和举止。其次，道德由何而来？这是抽象的问题，但是可以借具体的事例来说明。诚实，是一种基本的道德，举世皆然，都希望能在下一代身上孕育雕塑出这种德性。可是，为什么会有诚实这种德性呢？

当小朋友放学回家，我问他："放学后，有没有去玩电动？"他的回答可能是有，也可能是没有。我怎么判断呢？如果他放学后，我跟在他后方二十公尺，就一目了然，问都不用问。我会提出问题，就是因为"信息不对称"（information asymmetry）；他手中握有信息，而我没有。当我提问而他回答之后，我就必须解读他提供的信息。诚实，就是帮助我解读信息的参考坐标。如果他一向诚实，他说什么就是什么；如果他一向不太诚实，我可能会反向解码。

无论如何，诚实这种德性，表面上看是一种高贵纯真的美德；其实，是万物之灵的人们，为了解决信息不对称的问题，在漫长的演化过程中，发展出来的一种工具，具有功能性的内涵。换句话说，诚实就像铁锤、雨伞一般，是人们趋吉避凶、自求多福的因应之道。诚实是如此，人们的其他德性，包括正直勤劳、节俭坚毅、温顺婉约等等，也是如此，都有功能性的内涵，是大小不一、轻重不同的各式工具！一般来说，农村长大的孩子比较质朴纯真，都市长大的孩子比较机灵文气；这种差别反映了成长环境的差异，也反映了所需工具的不同。

然而，虽然都是工具，道德和铁锤、雨伞之间，还是有微妙的差异。铁锤、雨伞都是外在的器物，操作时，需要动手动脚。相形之下，诚实正直是内在的思维，操作时，就是由当事人自己取舍运用，毋庸外而求也。更细致来看，各种道德观念，是内在的机制，储存在人的脑海里和胸腹中；道德观念所引发的喜怒哀乐，发挥了奖惩的效果，本身成了激发人们励志向上的动力。使用铁锤、雨伞，不会产生荣誉感或羞耻心；是非道德等观念，却能鼓舞或压抑人的心志。道德观念一旦建立，有点像是全年无休的发电机，是驱动行为的原动力。

当然，道德和铁锤雨伞之间的差异，也无须区分扩大。本质上，都是工具，都是人类演化过程中的产物。而且，人类既然是演化而来，也就无须太过强调人和动物的差别。人，过去是、现在是、将来也是动物。体会到这一点，可以比较平实一些，也比较能够呼应生态保育的概念。

由此也可见，历代的哲学家所探讨的大哉问，可能根本是个假议题（a non-issue）。"吃饱等死，和动物没两样"的说法，侮辱的不是动物，而是人自己！

# 人比人气死人，是比错了方向

不要钻自己的牛角尖，要和别人比！和别人比了之后，才知道自己的大小长短。

过去几个月，对我而言最有收获的事之一，是因缘际会参加了一个课程：由两位充满爱心和气质的女士担纲，二十余位来自社会各个角落的参与者。

每周聚会的三个小时里，老师讲解一些和心理、成长有关的概念，放音乐带大家活动筋骨，然后彼此分享心得。在老师的诱导之下，成员往往说出内心深藏的秘密和困扰，因此课程开始时大家都签了同意书，在对外转述时，要注意维护其他人的隐私。

参加这个课程时，我深为失眠所苦。失眠之前，梦中偶尔会出现婀娜多姿的美女；失眠之后，不容易入睡，即使入睡，往往被梦中出现的另类女性所吓醒。失眠带来精神衰弱，精神衰弱意味着惶惶不可终日，满脑子悲苦的念头，认为自己是世界上处境最凄惨的人。然而，当老师把房间的灯转暗，大家围坐在和室的地板上，听同修们娓娓道来自己的故事，我觉得胆战心惊。

一位三十余岁的年轻人，傲气逼人，良有以也：很年轻时他就在珠宝设计界扬名立万，出任公会重要职务。和父亲的关系，他用"爱恨交织"来形容，父子还曾打了两次架。后来，几种因素交互作用之下，他同时得了四种病：忧郁症、焦虑症、空间扭曲症、妄想症。还好，珠宝店已经歇业三年，他的妻子还是不弃不离，陪他到处上课修炼。

另一位活泼开朗、年近四十的女士，和先生一起开了一家广告设计公司，拥有一双子女，先生在上海打拼。她已经失眠多年，女儿十一岁时就开始失眠；最麻烦的是双十年华的儿子，一直闹着要自杀。她和先生百般劝阻诱导，都没有效果。最后，他们家三口都有了默契，万一儿子真的自杀，他们都能接受。而且，他们都知道，无论儿子能不能走出自己的阴霾，他们都要好好过日子。她所经历的"丧子之恸"，即使不能完全感同身受，还是令人思之凄哽。

经历最活生生、血淋淋的，是另一位年轻人，他"国中"毕业后就开始工作，现在三十出头，事业有成，自己开公司。但是，青梅竹马的妻子和他分手，而且离婚的第二天，她就和住在一楼的男人结婚。他现在是单亲爸爸，独自照顾三岁的儿子。即使他早上爬不起床，斗志全无，在儿子面前还是得勉强摆出笑脸，装作若无其事。

听到同修们的故事，我自惭形秽。我的日子当然也不好过，在家里地位不高，排名第三，仅次于太太和儿子——还好家里没养狗！儿子住院时，差遣我四处找漫画店租漫画，说那是我唯一的功能。然而，和同修们相比，我有什么好难过的？

再想一想，同修们的际遇虽然辛苦，还是能衣着光鲜地来上课，还有能力讲出自己的景况。社会的各个角落里，难道没有更崎岖艰难的人生吗？难道没有更难以启齿、面对的际遇吗？因此，我得到的启示是：不要钻自己的牛角尖，要和别人比！和别人比了之后，才知道自己的大小长短。而且，不只和这一生相比，还可以和前世相比（《前世今生》确实是一本好书）；不只和前世今生相比，还可以和来生相比（《前世今生来世缘》为同一位作者的书，同样具启发性）。确实是，不比不知道，比了吓一跳。

很久很久的以后，太阳还是天天从东边升起。因此，与其往上比，不如往下比；与其自寻烦恼，不如自得其乐；比上不足容易，比下有余也同样容易。

人比人气死人，是比错了方向！


# 选择记忆


选择性的记忆，是处理过去；选择记忆，则是处理未来。


选择性的记忆，是大家耳熟能详的字眼；对于过去所发生的事，可以依个人的需要和好恶，选择性地记住其中的某些环节。由演化的观点来看，这应该是很重要的心理机制，有助于人这个生物体的生存和繁衍。选择性的记忆，是针对过去、已经发生的事；那么，对于未来、还没有发生的事，是不是也有类似的概念呢？要回答这个问题，最好由记忆的功能开始琢磨。

记忆，是一种数据库，随着年龄和阅历的增多，这个数据库的内容逐渐积累和丰厚。记忆这个数据库有许多功能，甜美温馨的回忆，可以抚慰人生，诱发斗志；伤感愁苦的回忆，可以提醒警示，避免覆辙重蹈。因此，人生像是一个多回合的赛局，而记忆这个数据库的作用，就是帮助球员面对源源而来的考验。

我教书已有二十余年，成功失败都有一些。然而，在这个漫长的时光里，有个事件的记忆却异常鲜活，简直是思之凄哽，是我心里永远的痛。

我以经济学者的身份，教授"法律经济学"已不下十年，这个课程是利用经济分析，探讨法学的各个领域。修课的研究生们，经济和法律专业都有。对经济背景的学生，早已熟习看家本领，所以问题不大。对法律背景的学生，经济思维是一套全然不同的语言和逻辑，有如天方夜谭一般，因此开学时，我总是可以感觉到，法研所学生凶狠敌视的眼光和表情，讨论时的舌剑唇枪、刀光剑影更是常态，不在话下。

有个天朗气清的日子，我费了一番唇舌，试图说服一位特别坚持意见的法研所学生，他不为所动，我又阐释了一次，他还是不领情。他大概觉察到我有点激动，于是自我解嘲："请老师原谅，学生的资质驽钝！"我失去控制，自以为幽默，回了非常不好笑的一句："看得出来！"

话一出口，我立刻后悔。可惜，说出口的话，如覆水难收，再多再快的马也追不回来。事后无论我如何补救，伤害已经造成，那位研究生没有继续修第二学期的课。而只要我想起那一来一往的对话，心里就懊恼悔恨一次！

对那位研究生而言，可能已经忘记这段插曲。即使记得，也未必全是负面的经验。说不定，受到刺激和调侃，他把经济分析弄清楚，或对法学本身钻研得更深入透彻。至少，经过考验，他的 EQ 往上提升了一两个刻度。可是，对我而言，无论如何自我排遣，我的言行举止失礼失态，完全不像老师（更不用说是高等学府教授）的样子！

痛定思痛，这桩事件对我有两点影响。首先，我再三提醒自己，以后无论学生再难沟通说服，我必须控制自己的言词和表情。如果学生问了个笨问题，我不能诚实以告，而是善意响应："你问的问题很特别！"其次，在比较抽象的层次上，我领悟到"选择记忆"的重要。

当年龄够大、经验够多、数据库够丰富，行为的因果之间，自己都已经有底：唐突失当的言行，事后一定会悔恨懊恼；光明磊落的举止，事后自己会舒适自在。无论如何的选择性记忆，记忆会跟着自己一辈子，所以，在面对抉择考验时，务必要先想到，自己的取舍会留下什么记忆，千万不要搬石头砸自己的脚，自找麻烦，明知故犯，为自己留下一辈子都难过不豫的记忆。选择性的记忆，是处理过去；选择记忆，则是处理未来。虽然两者都是操之在我，也都和人的演化过程有关；然而，两相比较，对于人生显然有不同的启示！

# 牺牲谁比较好

面对两难和考验时，与其诉诸道德哲学，不如向生活经验求援。

"火车驾驶看到前方轨道上有五个人，可是刹车失灵。但是，方向盘没失灵，他可以轻转方向盘，转入另一个轨道，而那个轨道上只有一个人。那么，你的选择如何，转不转方向盘？"这个假设性的情境，是哈佛大学教授麦克尔·桑德尔（Michael Sandel, 1953—）的开场白。他的课程名为"正义"（Justice），是哈佛最受欢迎的课之一，选修的同学，动辄数百人，甚至超过千人。

描述完情境之后，他要同学举手表示选择如何。结果，绝大多数的同学，选择转方向盘，撞一个人。接着，他话锋一转，把情境稍稍调整："前方轨道上还是有五个人，刹车还是失灵；你站在天桥上，旁边刚好是一个胖子。把胖子推下天桥，可以挡住火车！那么，你的选择如何，推还是不推？"

再举一次手，结果迥然不同，刚好相反。这一次，绝大多数的人认为，不该把胖子推下天桥，牺牲一个人救五个人。

桑德尔请教在场的男女老少（还有旁听的白发长者），原因为何。几位听众表示意见之后，他介绍人们思索的两种依据：后果式思维（consequentialist reasoning），以结果（牺牲一或五个人）来取舍；规范式戒律（categorical reasoning），以道德上的理念判断是非，对就是对，错就是错。

桑德尔的专长是政治理论，由道德哲学的角度解读问题，顺理成章。然而，同样的情境、问题，也可以由其他更直接的角度来阐释。

在第一个假设情景里，面对轨道上的一个人和五个人，五个人不该在轨道上，他们是错的；另外的那个人，是在火车不会经过的轨道上，是对的。然而，绝大多数的人会选择牺牲一个人，救五个人，取舍的标准很简单：根据日常生活经验，根据常情常理，根据轻重大小，多数利益要高于少数利益。而且，深一层的考虑是，每个人可以自问：在一个人和五个人这两个群体里，自己属于哪一种的机率比较高？简单的数学，刚好呼应生活经验的直觉判断；有五倍的机会，会属于多数组。因此，无关道德哲学，由每个人的日常生活出发，就可以得到合于情理的解释。

其次，在胖子出现的情境里，虽然还是一个人和五个人之比，意义已经大有不同。天桥上的胖子，是善意的第三者，虽然他也是一个人，身份上却和铁轨上的那个人有着微妙的差别：铁轨上的那个人，性质上和另外那五个人类似；天桥上的胖子，性质是旁观者，和同是旁观者的自己比较接近。因此，设身处地，自己也可能是旁观的胖子（或另一种场景里的瘦子）；在轻重取舍上，不再是一与五之比，而比较像是一与一之比。如果是一比一，牺牲胖子就几乎等于牺牲自己，由同理心的角度来看，当然没有理由这么做！

在比较抽象的层次上，后果式思维和规范式思维，都是人们生活经验的产物。依情境不同，人们会援用不同的概念，以面对生活里的各种考验。而且，规范式思维隐含的价值判断——对错、是非、善恶、高下、美丑等等——并不会凭空出现。在人类长期的演化过程中，逐渐形成这些概念。灵活运用这些概念，可以让人们竞争存活的能力提升，希望得到比较好的"结果"。因此，后果式思维和规范式思维之间，并不是截然对立，而是有相通之处。

大部分人没有学过道德哲学，但是所有的人都有生活经验。因此，面对两难和考验时，与其诉诸道德哲学，不如向生活经验求援。

# 认识世界的过程，形似指鹿为马

一般所认定的"事实"，只是大家有共识、不争议而已。

指鹿为马的成语广为人知，但是典故和出处却未必，值得稍作说明。根据《史记》，秦二世时宦官赵高为相。二世出游时，赵驾鹿相随。帝问：为何乘鹿；赵回：不是鹿，是马！帝不信，赵遍问随侍，多人附和，指鹿为马。

典故如此，释义各取所需。最简单的说法，是指责人黑白不明，颠倒是非。稍微复杂的，是阐明民粹自古已有，于今为烈而已——众口铄金，是另外一种说法。更深沉的解释，是可以透过阳谋和阴谋，设计情境来洗脑以达到目的。希区柯克经典名片《煤气灯下》，就是医师扮神作鬼，把妻子英格丽·褒曼弄得精神错乱。

现代版的"指鹿为马"，少了权谋算计，多的是发挥教育的功能，并且隐含对社会现象的深刻体会。

儿子读小学一年级时，有天我牵着他的手回家，在巷子口附近，刚好有一只猫轻跑而过。我捏了一下他的手，说："你看，那只狗！"儿子抬头，满眼笑意地说："是猫啦！"我语调平淡的加了一句："你怎么知道那是猫？"小鬼不再做声，我们一路无言，静静走回家。

几天之后，我们又一起走进巷子。这次眼前出现一只小狗，儿子出声："你看，有只猫。"刚好旁边有位中年妇人，她的眼神表情，十多年后还历历如新。她先是以讶异的眼光扫过小孩，再以悲悯同情的神色看了我一眼——长相活泼可爱的小孩，怎么是个有智力障碍的喜憨儿①！我不做声，不露哀喜，但是心里稍稍自得：小鬼的心智，已经往上提升了好几个刻度。

对于这"指鹿为马"，当然可以作一连串的阐释和引申。由小到大，在成长的过程里，人们学着认识周遭的世界。借着各式各样的概念，人们认知环境，而后在行为上有所因应，希望能自求多福。因此，"蛇"这个概念一旦在脑海里出现，通常代表危险；但是，如果是"纸蛇"或"玩具蛇"，就以另一种心情和举止来回应。除了草木鸟兽、日月星辰，比较复杂的，是关于美丑善恶、是非对错等等的价值判断。由生活经验中，人们也慢慢学到各种概念，并且不自觉的援用自处。譬如，看到喜憨儿，就是看到世界上某个不幸的角落，会自然而然启动同情怜悯的情怀。

然而，无论是具体的物理世界或抽象的价值体系，都是经过人们的认知和思维，才发挥作用。在认知和思维的这个过程，就未必要墨守成规，而值得琢磨一二。德国哲学家尼

---

① 对智障儿童的人性化称呼。

采（Friedrich Nietzsche, 1844—1902）尝言："没有事实，只有阐释。"（There are no facts, only interpretations.）这句话的内涵，至少可以从两方面来体会。

一方面，一般所认定的"事实"，只是大家有共识、不争议而已（狗和狗腿，是指不同的动物）。一旦有争议，"事实"本身就需要再检验（兽医是名词还是形容词?）。另一方面，对于现象的"阐释"，涉及当事人的主观判断。因此，在阐释时，最好能依恃较充沛的数据库。而且，除了表面上的符号之外，一件事物内在的意义，是由其他事物衬托而出。经由对照和比较，通常可以有较周全稳当的阐释。

经过二十年以上的相处，我知道儿子不是喜憨儿。但是，他稚气未脱，童心依旧，在某种意义上，确实有喜憨儿的成分。至于赵高到底是羊还是狼，或是其他，《史记》没有点明，还有赖后世读者自行阐释。

## 海绵、刺猬和傻瓜

最好试着当海绵，不要当刺猬。而且，如果不太困难的话，勇于当傻瓜。

大学联考已发榜，学校即将在九月中开学。为了迎接新生，学校安排新生训练。课程之一，是以分组的方式，请校内老师和同学们碰面，谈话一小时。我忝为受邀者之一，答应和两组不同科系的新鲜人碰面。可是，虽然已经任教二十余年，要对新鲜人耳提面命，却让我颇为迟疑。

这群年轻人的年龄和我儿子相仿，我当然可以站在父亲的立场，将心比心的发挥一番。然而，反躬自省，这个角色我并不成功。"沾美西餐厅"的老板陈登寿，经常向他儿子道歉，希望他儿子原谅——因为他没当过爸爸，不知道怎么做才好。

陈登寿的雅量，我没有，而且，对我自以为是的诸多意见，儿子的反应经常是两个字："白痴！"所以，以父之名自称自是，显然不讨好。那么，换个身份，站在老师的立场，也许还可以略陈固陋。

多年来，我教过许多班别，有很多不同背景和层级的学生，包括不少父子、父女、母子、夫妻档。仔细想想，我发现有一些特别的规律性。首先，学生可以分成三类：大学生、研究生（硕博士）、在职进修以及推广教育的"老"学生。对老师的态度，刚好和年龄成反比：老学生最客气，其次是研究生，最后是大学生。学习的热忱，排序也相同。

其次，无论班别，我一向要求课前预习；而且，针对指定进度的内容，在课前以书面提出问题，作为上课讨论的基础。由问题的文字上，也可以察觉出一种趣味。大学生们，特别是大一、大二的年轻人，提出问题时最义无反顾、理直气壮。似乎，他们认为教材（有些是我笔下作品）荒诞无稽；

似乎，他们睥睨山河，手中挥舞着巨剑大纛①，决心斩除无知和谬误。

这两种规律性，本身就值得探究。在职班以及推广教育的老学生们，对老师客气，一部分原因当然是世故使然，希望维持好的人际关系。另外的原因，是他们离开学校一段时日，有机会重新学习，就像海绵一样，贪婪的希望尽可能吸取养分。而且，社会上的历练和工作经验，使他们累积了一个丰富的数据库，一旦能在课堂上学到理论，刚好能和经验联结，互相印证。在"老"学生的课堂上，往往看到一双双灼热发亮的眼睛！

相形之下，研究生们已经浸淫知识好些年，稍通学习的步骤和老师的良窳②，所以，他们多半循序渐进，表现持平。最特别的，当然是大学生，尤其是大一、大二的年轻人。他们的数据库储藏有限，阅历多半平淡平凡，可是在言辞态度上，不只是初生之犊，还几乎是目空一切。他们对现有制度和周遭的一切，有种挑战权威、打倒权威的架势——有点像刺猬一样，而且随时武装上阵！

也许，这正反映着他们阶段性的变化：高中以前，一切循轨道移动，进了大学之后，自由度大增。他们被期望要独立自主，可是数据库的条件却还不足以让他们拿捏得宜，所

---

① 读作 dào，指古代军队里的大旗。
② 读作 yǔ，形容（事物）恶劣，粗劣。良窳，即优劣。

以他们对于新的学习环境，有点如生物本能般的，选择的不是欣赏投入，而是批判怀疑，甚至于否定。

因此，对于这些刚踏入校园的年轻朋友，虽然有点夏虫不可以语冰，我还是只能四平八稳、官模官样、窠臼八股般的重复：刚进大学，最好试着当海绵，不要当刺猬。而且，如果不太困难的话，勇于当傻瓜；认定一两个简单明确的目标，傻里傻气的去追求，自得其乐。

我在表格上填的讲题，就是：海绵、刺猬和傻瓜！


# 人生里的两支鱼竿

钓大鱼的放长线，钓小鱼的放短线；长线是投资，短线则是满足荷尔蒙。


结束浙江大学的短期访问和教学工作之后，我来到武汉，在华中科技大学的经济学院，将待上六周。杭州有西湖，武汉有东湖，都是旅游胜景，我觉得运气很好。

前两天周末，上午在招待所写了些东西，下午决定到东湖边走走。招待所旁就有个体户，把私家车当出租车开；不到十分钟，就由校园来到东湖中央附近。东湖面积辽阔，据说是大陆最大的城中湖。湖面最宽的地方，几乎看不到对岸，有点像是面对大海的感觉。我顺着湖边的杨柳，慢慢走，享受湖光山色。

离岸边二、三十公尺，就有鱼群在水面翻搅。由凸出的背鳍来看，可能都是身长几十公分的大鱼。湖中有鱼，湖边自然有人垂钓；供给和需求，总是会巧妙的搭配。在湖中心附近，多年前铺设了一条公路，连接两岸。公路两旁，一边是叶茂花盛的夹竹桃，一边就是绵延几百公尺的垂钓客；每个人缴人民币十块，可以钓一整天。

绝大部分钓客是男性，而且多半中年以上。他们使用不同的饵，有的用甘薯混麦片，捏成小球，有的就用蚯蚓或蛆。比较特别的，是他们的钓竿特别长，大概有十一二公尺。这么长的钓竿，当然不好用手撑，所以在水里还立了两个金属支架，撑起这支长长弧形的钓竿。我走走停停，看看各人鱼篓里的斩获，也希望看到一竿而起，鱼儿跃出水面的景象。鱼篓里最大的鱼，是只红鲤，大约四十公分长。

走着走着，我有一个小小的发现。甩出大鱼竿，在水里架好之后，钓客们多半坐在小板凳上抽烟聊天；有一两位钓客，除了大鱼竿，还用一支小鱼竿，钓着岸边的小鱼。岸边的水浅，用的浮标小，钩子也小；但是，小鱼很多，十来公分长，不停上钩，所以忙得很。两支鱼竿，一大一小；大的放长线钓大鱼，小的放短线钓小鱼。双管齐下，各有所长，互有斩获，我觉得很别致有趣。

傍晚回到校园里，脑袋里一直出现大小鱼竿的画面。晚上在操场跑步时，稍稍一联想，觉得两支鱼竿各别苗头的做法，还颇有一些含意。

我在大学里任教，除了教学，研究也是重要的一环；还好，这是兴趣所在，所以也不以为苦。不过，研究不是自说自话、闭门造车，必须得到业内同行的肯定才算数。我知道，某些自然科学的同侪①，每篇论文四到十页不等，主要是说明实验结果；由投稿到发表，短则三个月，长则半年。经济学里，可不是如此。每篇论文平均二三十页，投稿半年之后，能接到评审意见，已经是谢天谢地了。如果运气好，一篇论文退稿次数不多；由投稿到刊登，两年到三年已经算是非常顺利。

我研究的范围，接近经济学的思维方式和方法论；不用数学和图表，而以概念思维为着力点。论述的内容，多半是看了大量的文献之后，才有一得之愚。由构思到落笔，时间更是漫长。记得有一篇论文，论证在布坎南和科斯（Ronald Coase, 1910—2013）这两位诺贝尔奖得主之间，对科斯定理（Coase Theorem）看法的异同。这篇论文的中文稿，在1993年刊载；修正成英文稿之后，最后在《理论和制度经济学评论》（*Journal of Institutional and Theoretical Economics*）刊出，已经是2003年。整整十年的光阴，才让一篇论文露面。所以，对我而言，每一篇论文的撰述和投稿，就有一点像是用那支大鱼竿在钓大鱼；大鱼不常上，一旦上钩就成为经济学文献的

---

① 读作 chái，同侪指与自己在年龄、地位、兴趣等方面相近的平辈。

一部分，流传久远。

在等待大鱼上钩的漫漫长日里，怎么办呢？我就写些非学术性的文稿，美其名曰"经济散文"。借着散文的笔调和长短，向一般读者阐释经济学的思维方式。因缘际会，耕耘几年之后，有点小小的名气，还在报刊上有自己的专栏。文章写成到刊出，不要三个月，最多四五天。看到报刊上的铅字，一样有小小的快乐。

台湾有一句谚语：没有鱼，虾也好。对我来说，不完全是如此。散文和论文，犹如小鱼和大鱼；我用不同的钓竿，编织起学术生涯的架构。目标是钓大鱼，但是钓小鱼可以保持头脑灵活。而且，由小鱼（散文）里，有时候还可以发展成可观的大鱼（论文）。

说来好笑，两支鱼竿的联想，还不只暗合学术生活的脉动；在投资理财上，一样有异曲同工之妙。

几年前在香港客座教书时，周末常和同事朋友去爬山。有一次，一位六十出头的长者同行，听他一直讲广东话，我想大概彼此不会有什么互动。没想到，由太平山顶（The Peak）下山时，两人刚好走在一起，我没话找话讲，问他从事哪一个行业。知道他在金融业之后，我表示自己在《信报》常发表文章。他眼睛一亮，说自己在《苹果日报》也有专栏。后来才知道，李庚（Alex Lee）是金融界很受人敬重的长者，在专栏文章里，他屡屡站在弱势团体的角度论述。不过，这是后话。

既然有共同的兴趣，话匣子一打开就不可收拾。他提起在金融界工作数十年的心得：投资，就是要看长期。一旦找到好的投资标的，就要牢牢抓住不放，日积月累之后，获利将会非常可观。如果经常进出，往往是赚小赔大，没有功劳也没有苦劳。我问：如果都是长期投资，不是太没有参与感了吗？"如果心里痒痒的，就把百分之七十的投资放长期，用百分之三十的资金小炒短炒。"

现在想来，这不也是用两支鱼竿在钓鱼吗？钓大鱼的放长线，钓小鱼的放短线；长线是投资，短线则是满足荷尔蒙。长短并济、各擅胜场。似乎，同时用两支鱼竿钓鱼，在人生里还有很多发挥的空间！

## 伦常关系其实是种工具

伦常关系太重要（成本效益太高），因此归入特殊类别，无须每天盘点损益！

任教多年来，我接触过许多不同科系的学生；程度上，由大学生到硕博士生不等。此外，在校外的演讲，更是面对各种不同年龄性别背景的听众。

虽然对象场合情境不一，我阐释的其实始终一致：经济分析的精髓、以及这种思维方式的应用，包括对政治、法律、社会等问题的解读。学生以及其他听众的反应大同小异：对于经济思维，可以接受；对于这种思维的广泛运用，觉得有趣和诧异。然而，唯一格格不入、无法认同的，是经济分析对伦常关系的剖析。

关于伦常关系，经济分析有点极端的立场是：伦常关系（父母子女、配偶等）是一种工具性的安排（tool-like arrangement），具有功能性（functional purposes）的内涵。不知道多少次，学生以及其他听众告诉我：这种描述太血淋淋，残酷而无人性！

那么，什么是人性呢？英文里有个单词senicide，中文勉强翻译为"老捨"。什么意思？在北极地区、日本和印度，历史上都有这种做法：把年迈而没有生产力、行动不便的老者，带到山洞或某地，留下少量食物和水，然后让老者自生自灭！在资源匮乏、大自然条件恶劣的情形下，老者会成为负担，危及其他人的生存。因此，当那个特殊时刻来临，就以人为的方式，协助老者逝去——面对大自然的考验，要设法生存和繁衍；顺势而为，无关道德和价值判断。这就是人性。

比较不极端的例子，是把场景拉近，想想自己的生活经验和身边的例子。众所周知，华人社会里，非常讲究伦常关系、人际网络。知名社会学家费孝通，以"差序格局"这个概念，捕捉这种人际关系的特质。用图形来反映，差序格局指的不是棋盘式方阵，不是橄榄或葫芦，而是同心圆。

同心圆表示，对每一个人而言，由里到外有亲疏远近：

最核心的部分，是配偶子女，稍微向外，是父母——父母和配偶子女孰重，可能因人而异，也可能因事而异。再往外是亲戚姊娌，而后是朋友（死党、好友、朋友、点头之交）。最外围，是擦肩而过的陌生人。

同心圆的结构，意味着距离不同，对自己的重要性也不同。然而，换一种描述的方式，不正表示：距离不同，对自己的利害也不同，不是吗？事实上，同心圆的距离，已经隐含人有意识和无意识的取舍；把不同的人，安排在不同距离的轨道上。而且，更重要的是，对于不同距离的人，以不同的规则交往互动。为死党，可以两肋插刀（应该是形容词）；点头之交这个词，已经生动地描绘互动的模式，如此等等。

一旦涉及最核心的部分，无论是配偶、子女或父母，行为规则更清楚明确：不用想，一切以最高规格、最优先方式处理。原因无他，因为是最重要的人，因为利害关系最大，因为已经分类过。抽象来看，"不用想"并不是不假思索，而是已经完成取舍，不需要再思索。认为经济分析不适用，正间接证明经济分析的力道：伦常关系太重要（成本效益太高），因此归入特殊类别，无须斤斤计较，无须每天盘点损益！

西谚云：家，是一个人的堡垒。堡垒，当然不会凭空出现，也不会对所有人开放。对于这个堡垒的性质和结构，经济分析不过是提出平实真切的解读；对于人类行为和社会现象，希望以"理"解之。

关于伦常关系的分析，其实是对人类的礼赞——绝大部分的地区，绝大部分的人，已经不再需要以"老捨"的方式，处理伦常关系。

# 为何父不父、子不子

当环境里有适当充沛的条件时，人才可以负荷较多的重量，也才能享有起码的尊严。

华人社会里，"孝道"无疑是核心价值之一。百善以孝为先，可见孝的地位。为人子女者，对于父母要承欢膝下，要晨昏定省，要奉养天年。然而，只要稍加思索，就可以体会到，这个几乎是普世价值的德行，未必是亘久不变的。

根据人类学家的记载，至少在几个世纪之前，"孝"所隐含的照护父母终老，还不是举世皆然。在印度、日本和北极地区，当长者（父母当然包括在内）年老力衰时，亲友就把他或者她送到一个山洞或小屋里，再留下少量的食物和饮水。以缓和文明的方式，让老者自然消逝。在物资匮乏的条件下，要坚持颐养天年，显然成本太高。

二十一世纪的今天，物质条件充沛，照养父母的资源远胜于往昔；然而，台湾正在修改法律，取消子女养老的责任。听起来似乎不可思议，其实有脉络可循，而且有一番道理。

主要的原因有两点。

一方面，现代社会里，双薪家庭比比皆是，无论公司部门，都有退休金，还有全民健保、公农劳保、老人年金，各种社会福利措施以及机构。年长者有能力照顾自己，社会其他的支持条件也灿然大备。因此，父母晚年的照养，可以不需要由子女承担。

另一方面，现代社会流动性大，子女未必和父母一起生活成长。子女和父母之间，可能只有血缘的关系，而没有其他实质的互动；甚至，凌虐戕害子女的父母，也不是绝无仅有。在这些情况下，父母年纪大时，要求子女照养，于情于理都说不过去。因此，法律上免除子女养老的责任，不至于影响一般的伦常维系，但是可以避免特殊情况下的人为桎梏。

子女对父母的关系如此，父母对子女的养育呢？中国大陆曾有一个个案，透露出伦常的另一种极端：韩群凤原先在银行工作，生下一对双胞胎，都是身障智障，为了照顾这对子女，她辞去工作，全力付出。所有的负担，几乎都落在她一个人的身上。

经历了漫长的十三年之后，她心力交瘁，终于不胜负荷。她先亲手把双胞胎溺毙，再服药自尽。因为发现得早，她被救活，面对的是子女已逝，而她以杀人罪被拘禁和起诉。在法庭里，韩群凤坦承罪行；可是，对于这位瘦弱的母亲，难道上天给她的惩罚还不够吗？她已经判自己死刑了，何须别人再置喙？然而，即便如此，司法体系还是可以利用机会，能发挥正面和积极的作用。

判韩群凤有罪，看起来是惩罚韩群凤，其实是让这位可怜的母亲卸下重担；净化她的心灵，让她有机会放下过去，重新开始，继续她还年轻的生命之旅。往者已矣，来者可追，希望未来的韩群凤和为人子女们，能有较好的际遇。

这么看来，无论是子女对父母、或是父母对子女，也许可以归纳出一点较深刻的体会：人，其实是很脆弱的一种生物；人之所以为人，不该是道德式、教条式的口号。当环境里有适当充沛的条件时，人才可以负荷较多的重量，也才能享有起码的尊严。因此，值得花心思使社会有更多的资源、有更好的条件。

人之为人，可以是父父子子，也可以是父不父、子不子，不是吗？


## 大头大头、下雨不愁

被保留下来的，很可能就是那个小雨迷蒙的日子里，他福至心灵下挥洒的那首儿歌。


这首儿歌或者说童诗，"大头大头、下雨不愁、人家有伞、我有大头"，几乎无人不知；而且，不只在台湾如此，在中国大陆也是一样。然而，诗歌的作者是谁呢？

十年前左右，我曾经问过爸爸，他是不是作者，他笑而不答。两三年前，当着儿子的面，我又问了一次；在孙子面前，也许多了一点成就感，他点头，而且描述当时的情景：五十余年前，他是南投县光明"国小"的校长，有天下着小雨，在校门前的台阶上，有个五六年级的男生，剃个光头，头特别大。因此，两秒钟不到，这首儿歌一气呵成，后来被古龙在一九七一年的小说里引用——当时写的另外一首，是"老王老王、不慌不忙、不知一天有多长"。

这是半个世纪前的往事，爸爸现在高龄八十七岁。回顾他的一生，可以说是大时代的缩影。大陆河南出生，师范学校毕业后随军来台；再成为小学老师、校长、教育行政人员；娶妻生子，退休。依一般的尺度，他有很多值得自豪之处：诗词书画，都有造诣。我们兄弟姊妹成长时，他写了很多儿童故事；退休之后，继续在小区大学担任志工，教授国画和诗词。此外，在台湾和大陆，他都设了好几个奖学金，鼓励学子向学。

在艰困的物质条件下，他和妈妈养育了五名子女，而子女也都小有所成。长女秉真，目前担任香港中文大学文学院院长；次女秉纯，在加拿大多伦多大学社会系任教；长子秉纲，经营"爱胜公司"（闽南语发音较传神），产品和动画电视游戏有关；幺女秉荃，在台大社工系任教。而且，五位子女都是"国立"大学毕业，也都得到美国大学的博士学位。2000年母亲节，妈妈在生前得到吉尼斯世界纪录认证，是台湾生了最多博士的妈妈。

有子女如此，任何父亲都会欣慰；更何况，爸爸自己才华洋溢。他担任督学时，要到驻区各学校巡视，有些偏远的山区学校，下车之后要步行两三个小时才到得了。为了更了解师生家长，他自我要求学闽南语，后来竟然能以闽南语演讲，真是不容易——但是，据我了解，他不会用"台语文"书写，似乎还是有点可惜。

客观来看，在时代大环境的限制下，他不仅仅养家糊口而已；对于自己、子女、家庭，乃至于社会，可以说都能无愧于心。然而，我知道，即使别人看来颇为可观，他自己还是有很多遗憾。首先，他有两个儿子，结果却只有一个孙子，这是小遗憾。其次，少小离家，不能侍养父母。两岸三通之前，已经和老家联络上，然而，两地相隔，终究没能见上祖父一面，这是不小的遗憾。

最大的遗憾，可能还是关于他自己。五个子女的才华，未必比得上自己，但是他们都有机会留洋求学、拿到博士学位。几十年来，他为家庭、为生活、为工作，却无从为自己而活。

也许，就是基于这种遗憾，退休二十年之后，他以近九十高龄，报考"中国文化大学"中文研究所硕士班，并以第三名探花高分录取。我相信，只要身体情况许可，读完硕士之后，他还会继续读博士。等他完成博士学位时，很可能改写吉尼斯世界纪录，成为世界上得到博士时年龄最大的人

（目前世界纪录是九十三岁）。

然而，无论他的学位如何、无论他的子女成就如何，数百年之后，都将成为过眼烟云。在华人文化中被保留下来的，很可能就是那个小雨迷蒙的日子里，他福至心灵下挥洒的那首儿歌：大头大头、下雨不愁、人家有伞、我有大头。


## 面对死亡，何不潇洒一些

道德上，强调慎终追远；现实上，却无法从容面对。


2000 年 9 月，我利用一年休假的时间，到英国牛津大学游学，全家大小同行。因缘际会，我们住进学校附近的一栋老房子，房东是单亲妈妈丽姿，带着一个小男孩，年龄和小犬相仿；房子很大，我们分租两个卧室，共享客厅厨房等。

住定之后，才知道房东的父亲大有来头：艾瑞克·凯恩克劳斯爵士，祖籍苏格兰，曾经担任英国皇家经济学会会长，也曾是英国政府首席经济顾问；政学两栖、表现都非常出色，后来受女王册封为爵士。爵士高龄八十七时，骑脚踏车摔倒，转为并发症过世。老房子原来就是他的，过世之后，才由女儿丽姿继承买下。可惜，这位在英国近代史上留下足印的长者，我无缘一见。不过，虽然爵士功名显赫，在他的家族里，他却不是最出名的人物——他的弟弟约翰（John Cairncross），二次大战时在英国情报单位工作，却曾经是苏联的双面间谍；战后身份曝光，举世闻名。

有一天，我和内人及儿子由伦敦回来，丽姿正在厨房里，站在高脚凳上掸天花板。我扬一扬手里的报纸，说："今天《卫报》里有一篇艾瑞克爵士的文章。"（There is an article by Sir Alec in today's *Guardian*.）她头也不转，朗声回应："你是说有一篇'关于'我爸爸的文章！"（You mean an article about my father!）"不是，是他写的文章。"（No，by your father!）我回答。

她从高脚凳上跳下来，大眼睛不停地转，一脸不可置信的表情。我把报纸递给她，果不其然，讣闻版里有一则是关于普劳登公爵（Lord Plowden of Plowden）；公爵于2001年2月15日过世，讣闻登在2月17日的《卫报》。公爵的讣闻，作者署名艾瑞克爵士。

可是，为什么呢？艾瑞克爵士已经过世好一段时间了，讣闻怎么会由他执笔呢？显然，这是他生前应《卫报》之邀，为公爵未雨绸缪而作。为什么我又会看到呢？原因很简单，在火车上，我随手拿起空座位上的报纸，最先看的当然就是讣闻版！

发现讣闻版，可以说是我到牛津一年的重要收获之一。讣闻版内容丰富，故事有趣，读来兴味盎然。而且，不只我的感觉如此，很多老外也有同感。打开报纸，他们最先看的，也是讣闻版。我也知道，香港和台湾的报纸里，没有讣闻版。

因此，我写了几篇文章，婉转的介绍、推荐讣闻版。而且，我还慎重其事，把文章寄给当时台湾两大报《"中国"时报》和《联合报》的高层，希望他们考虑开辟讣闻版。

结果是，无声无息。可能的原因，是华人文化里普遍忌讳"死"；因此，和死有关的事，多半也成为避讳的对象。可是，为什么呢？在英美这种拿刀叉上餐桌的野蛮社会里，能够平静地面对死亡；自居上国的古老文明，为什么反而这么放不开呢？这些年来，在我的脑海里，断断续续浮现这些问题。可是，总觉得一头雾水，似乎有一得之愚，却又找不到着力点。

一个社会里，如果有相当比例的人都耄耋而逝，想必不会太排斥死亡。英国报纸的讣闻版里，常看到逝者是九十余岁，"过了丰富的一生"；年龄近百，接受大自然的召唤，当然无须难过。由此反推，华人文化里排斥死亡，大概和历史经验有关。大部分时候，自然条件差强人意，农作收入仅得温饱；除了少数人得享天年之外，可能很多人都是壮年时，因为疾病、天灾或意外而过世。农业社会里，无论男女在壮年过世，表示劳动力减少，对于家庭的生计，立刻造成影响；对于其他亲戚朋友，也意味着额外的负担。因此，因为非自然因素而英年早逝，是令人惊惧痛心的情境——忌讳死亡，有以致之。

然而，如果因为死亡使家庭人手减少，因此避讳排斥，为什么文化里会有"慎终追远、民德归厚"、"死生亦大矣"

的教化信念呢？也许，这正巧妙地反映了传统文化对于死亡的矛盾情怀。

如果死生是大事，要慎终追远，那么对于死亡，并不需要呼天抢地的恸哭哀号；对于死者，可以以平静祥和的态度来面对。死者的一生，难道不值得留下鸿爪吗？王公将相的事迹，固然可以美化宣扬；市井小民、三教九流的人生，不也有令人动容心悸的片刻吗？英美报纸里的讣闻版所提供的，正是如此。然而，华人文化里，一方面强调慎终追远，一方面忌讳死亡。两者之间的扞格①矛盾，恐怕正突显了道德传承和现实考虑的差距——道德上，强调慎终追远；现实上，却无法从容面对。

有趣的是，物换星移，这种矛盾似乎有转圜的迹象。至少在台湾地区，随着经济发展，一般民众的生活条件大幅改善；农业社会里，辛勤终年仅得温饱的景象，早已成为过去。而且，工商社会里，天灾人祸瘟疫意外的情形，和农业社会相比，相去不可以道里计；一般人的寿命慢慢延长，劳动力的考虑也渐渐淡去。人的尊严，逐渐提升；对死亡的忌讳，似乎也日益淡薄。在生前为自己办场告别式的人，不再是屈指可数。

我诚挚希望，在不久的未来，华人社会的报纸里会有讣闻版；而我也会分外乐意，为几位朋友预撰讣闻！

---

① 读作 hàn gé，指互相抵触，格格不入。

# 艰涩道理浅中求

经济学和法律都可以"看图说话",阐释各自学科的核心精义。

当小童说:"她先打我。"这是《刑法》;当他说:"你答应我的。"这是《契约法》;当他说:"玩具是我的。"这是《财产法》;当他说:"妈妈说我可以。"这就是《宪法》。

法律学者伯尔曼(Harold J. Berman, 1918—2007)在年过八十接受访问时,自言从小就学法律,这些就是他举的例子。他的说法,是半开玩笑的认真,是著作等身宿儒的智慧结晶,也是真佛只讲家常话的典范。

对于法学和经济学这两个学科,一般社会大众似乎都保持距离,甚至敬而远之。经济学里,尽是方程式和图表;法律文件里,更是令人望而生畏的专有名词和术语。然而,伯尔曼的返璞归真,其实大有启发性;真正掌握学科精髓的高手,能化繁为简,道理浅中求。事实上,法学和经济学的核心精神,毋庸外而求也,就在《鲁宾逊漂流记》里。

小说的情节,曲折有趣:一艘船在大海遇上风暴沉没,船员不幸遇难,只有鲁宾逊幸存,漂流到一个无人岛上。为了生存,他一切由零开始,无中生有。搭茅草屋,结网捕鱼,自制弓箭网篮。而后，"星期五"（Friday）出现，他是另一艘遇难船的黑人。依当时的政治正确，两人成为主仆，而后同舟共济，一起面对大自然的考验。

对于经济学者而言，在鲁宾逊一个人的世界里，他要解决的问题，包括生产、消费和储蓄：生产多少，如何生产？消费什么，如何消费？储蓄多少，形式如何？经济学的生产理论和消费理论，完全囊括。当"星期五"出现，两个人可以取长补短，可以合作互惠。而合作互惠，隐含交换，也意味着专业化和分工。因此，经济理论最核心重要的部分，已经灿然大备；而精髓所在，就在于两人之间的"交换"（exchange）。当然，两人世界里，以体力换体力，这是以物易物；没有货币，也就没有金融部门，不能处理通货膨胀和金融危机。

不过，鲁宾逊和"星期五"的世界，呈现了经济学这个学科的精义——交换。根据诺贝尔奖得主布坎南的说法，经济学探讨的问题五花八门，追根究底，一切以交换为中心。当他用经济分析探讨政治过程，也是由这个角度着眼。当然，那是另外一个故事了！

对法律学者而言，鲁宾逊和"星期五"相处，不可避免有权益重叠和冲突的时候。即使是主仆关系，也有维持彼此身份的游戏规则。因此，两人的世界，必然有法律的问题。而且，除了规则的内容之外，还有规则的范围（效力）、操作规则的方式（处理规则的规则）、解决争议的方式等等。法学所处理的各个领域，都可以借着两人世界，清清楚楚地呈现出来。

事实上，不仅是两人世界里有规则，鲁宾逊一人的世界里，也有规则的身影：打猎时弄出声音，会吓走猎物；烈日下久待，容易中暑。因此，即使是一个人自处，也会由经验中发展出画地自限的游戏规则；而且，操作规则，自己又是球员又是裁判，又涉及另外一套机制。无论如何，法学的核心在于规则（rules），一清二楚。

虽然着眼点和解读不同，由鲁宾逊和"星期五"的故事里，经济学和法律都可以"看图说话"，阐释各自学科的核心精义。在这两个学科里，波斯纳（Richard Posner, 1939—）都颇受推崇；他尝言："经济学的精髓在于慧见，而非技巧。"（The heart of economics is insight rather than technique.）经济学是如此，法学也（可以、应该）是如此。


# 大师的招数

即使阅读的速度追得上他下笔的速度，他知识的广度和深度也令人望尘莫及。


对世界各地的法律学者和经济学者而言，波斯纳是如雷贯耳的人物。因为，在法学和经济学这两个领域里，他的著作都大有可观。对美国一般民众而言，他也是家喻户晓的人物：他的论文集《跨越法学》（*Overcoming Law*，1995），被《纽约时报》选为当年最佳著作之一；法务部控告"微软公司"违反公平法的官司，双方同意请他担任调解人。

他原是芝加哥大学法学院的讲座教授，1981年起担任上诉法院法官之后，依然论述不辍。

他兴趣广，不画地自限，笔下处理的问题令人赞叹：《性和理性》（*Sex and Reason*）、《法律与文学》（*Law and Literature*）、《正义的经济分析》（*The Economics of Justice*）、《法律、务实主义和民主》（*Law*，*Pragmatism and Democracy*）、《道德伦理和道德哲学的困窘》（*The Problematics of Moral and Legal Theory*）、《防范恐怖突袭》（*Preventing Surprise Attacks*：*Intelligence Reform in the Wake of 9/11*）、《反恐》（*Countering Terrorism*：*Blurred Focus*，*Halting Steps*）。对读者而言，即使阅读的速度追得上他下笔的速度，他知识的广度和深度也令人望尘莫及、甘拜下风。

波斯纳论作甚伙，要讨论他的分析方式，可就不是件容易的事。然而，有一点倒是清晰可见：他下笔绝不是温良恭俭让，以笔锋常带调侃刺猬来形容，庶几近之。两个事例，可以约略看得出他的风格。

卡多索（B. Cardozo，1870—1938）是美国著名的大法官，终生未娶；他最有名的判例，就是提出"可预见原则"（the foreseeable doctrine）：意外发生，当事人是否要承担责任，就以行为时能否预见后果为准。除了判决书之外，卡多索也发表许多法学论述。

关于卡多索，波斯纳曾写过一本百来页的小书，探讨卡多索的论述、判决，以及他历久不衰的令誉。在分析他的法学论述时，波斯纳提到：卡多索的论点比文采好；而后，在探讨他笔下的判决书时，波斯纳反而表示：卡多索的文采比论点好。这种对比的笔法，不是春秋之笔，而是话中有话，寓褒贬于无形！

卡多索已经辞世，对波斯纳的臧否无从回应。相形之下，诺贝尔奖得主科斯可就有话说了。1994 年前后，波斯纳和科斯一起参加制度经济学的研讨会，先后作总结性发言。这时候，科斯已经得到诺贝尔奖（1991）。波斯纳先开口，对科斯的贡献若隐若现地臧否了一番。轮到科斯时，这位 1910 年出生，又在英国成长的谦谦君子，却是气得压不住自己的怒气。对于波斯纳的发言，他是这么说的："波斯纳教授对我的恭维，让我想到这似乎是一条巨蟒，在吞下猎物之前，先在猎物身上慷慨地铺以自己的唾液！"

对于一位年逾八十的英国绅士而言，愤怒之情已经溢于言表，露骨无遗。然而，科斯心中之怒，显然无可名状，他继续说："当然，我并不指波斯纳是一尾毒蛇；但是，我也不能说，这种联想没有在我的脑海里出现过。"在西方文化里，把人比喻为毒蛇，可是极其严重的词语。能把诺贝尔奖得主这么有身份的人，激怒到如此的地步，波斯纳言辞文笔之利可见一斑。

以小见大，数十年来不知有多少英雄豪杰，在波斯纳的言辞文字下皮开肉绽。然而，波斯纳的为人，也不止于此。几年前上课时，讨论波斯纳的经典教科书《法律的经济分析》（*Economic Analysis of Law*），对于其中的一个疑点，争论不休。我要研究生发电子信件直接问作者。研究生照办，第二天就收到波斯纳的回信。除了响应问题之外，对于千里之外的年轻学子，他还语多嘉勉。

大师的身手，真是不同凡响！

## 波斯纳的便士

我的墙上没有波斯纳的硬币，但我的书架上可是有一整层他的著作。

波斯纳教授、法官太过特别，很难用简单的形容词来概括。毋庸置疑的是，很多人视他为英雄。我在英国牛津大学参加研讨会时，谈起波斯纳，就听到很多人宣称："他是我的偶像。"（He is my hero.）

谈起波斯纳，几乎每个人都有自己的故事。我觉得最有兴味的一则，是午餐间听一位老美的亲身经历；这位老美是顾里罗（Christopher Gulinello），在台大法学院访问，三十出头的年轻人。他在纽约大学读法学院时，波斯纳到校演讲，现场冠盖云集，自然是一番盛况。

演讲和问答、签名和照相等热闹过后，顾里罗走进电梯，没想到里面站了波斯纳和法学院院长，而且电梯里只有他们三位。更没想到，波斯纳无意间发现地板上有个一分钱的硬币；更加没想到，波斯纳竟然弯身捡起了这个毫不值钱的硬币。

这下有趣了，波斯纳由地板上捡了一分钱，怎么办？放进自己的口袋，不可能，传出去还了得！交给法学院院长，也不成，因为会有点以上对下（condescending）的味道。三去其二，剩下的就是因缘际会、躬逢其盛的年轻人。波斯纳转身，把手上的烫手山芋交给顾里罗，他笑着道谢，危机解除，皆大欢喜。事后，顾里罗把这枚硬币裱框起来，挂在墙上，框底有几个小字："波斯纳的便士。"（Posner's penny！）

关于波斯纳，我也可以略述一二，反映他的为人，也反映我对他的敬意。

十余年前，我完成两篇论文，分别处理科斯及贝克尔（Gary Becker, 1930—）这两位诺贝尔得主的分析方法。有天灵机一动，想到波斯纳对两位的论述方式都熟，而且曾经为文臧否。就把两篇文章寄给他，请他指正。

大牌教授惜字如金和守身如玉，不回信是常态。没想到，我很快就接到回函，而且有两页之长。他表示，两文之中，他较喜欢比较科斯和贝克尔论述方式的那一篇；他认为，论点

"有新意，有说服力，而且有趣"（fresh，sound，and interesting）。

他有几点明确的意见，而且列明科斯芝加哥大学的地址，建议我把论文寄给科斯，相信他会有建设性的批评。

此外，让我大为意外的，是他建议我把文章投稿到《美国法律经济学评论》（*American Law and Economics Review*）；这是"美国法律经济学会"的机关学报，主编是他和阿申费尔特（O. Ashenfelter）——《美国经济评论》（*American Economic Review*）前主编。经过审查，这篇论文在2003年刊出，依我了解，这可能是那份刊物所刊载的第一篇非西方学者的论文。

波斯纳和我非亲非故，也不是我的师长，但是对于千里之外陌生国度的学者，他慷慨响应。而且，众所皆知，他和科斯惺惺相惜；我在论文里的论点，又和他恰恰相反。他不计私人恩怨，也欣然雅纳歧见，学人风范确实令人尊敬。

在某次信函里，我提到：我曾把波斯纳的论著《法律与文学》，推荐给内人——她教《莎士比亚》剧本，而我认为波斯纳书中对《威尼斯商人》的阐释值得参考。她看过之后表示，波斯纳观点确实有新意，而且有启发性，她会纳入教材里。我向波斯纳戏言：因为把他的书推荐给内人，我在家里的地位提高了一些。回信里，波斯纳要我代他向内人致意，谢谢她这位戏剧博士的肯定。

另一封信里，我提到：抽象来看，规则是一道宽广的光谱，由个人画地自限的小规矩，到一般法律和最高层次的宪法；宪法之上，事实上还有宗教的戒律。以他的才华智慧，领身探讨宗教戒律此其时矣！他寄给我一篇短文，是他在某个研讨会上关于宗教的发言，但是还没有以文字发表。

我的墙上没有波斯纳的硬币，但我的书架上可是有一整层他的著作。

第二部

经济学家的理性与感性：
　　悲剧是无解的吗

第二卷的主轴，环绕着"法律"，包括冲突、处罚、道德、应报等等。法学和经济学，看起来是两个截然不同的学科，处理非常不同的问题。然而，在性质上，法学探讨的是天平，是利益（法益）的权衡和取舍；经济学探讨的是经济活动，也是利益（买卖双方）的权衡和取舍。这两个学科，因缘际会而发生接触，激荡出许多智识上的火花。

对于社会大众而言，经济学和法学这两个学科，似乎都是望之俨然、繁复无比；经济学用数学图形，法学用专业术语，一般人避之唯恐不及。其实，两个学科都和日常生活息息相关，如果能具备一些常识，当然利人利己。而且，两个学科都累积了可观的智慧。这一卷里的诸多材料，就是希望阐明这两个学科的关联，并且进一步用实例说明，两个学科和一般人生活之间千丝万缕、无所不在的牵连。

# "不讨喜"的经济学家

援用经济分析，是经济学者念兹在兹的企图，是让思维指导行为。

四分之一个世纪前，我开始成为专业的经济学者，课堂之外，其他场合不知碰到过多少男女老少，一旦知道我的身份，绝大部分是报以复杂的眼神：带点客气、调侃和同情！一般人忍受经济学者，但是希望保持距离。重要的原因是，经济学者似乎有一种通病：他们太喜欢自己的学科，所以有点唯经济学论——一切套用经济分析，几乎令人气结。

例子之一：坐出租车到了目的地，正在掏钱时，定时器跳了一下，司机要多收5块新台币，双方理论时，司机指手画脚，车子往前移动几公分，距离的秒表又跳了一下，变成要多收10元！虽然只有区区10块钱，可是有许多人会肝火上升，和司机理论半天，粗言粗语。然而，生活里有多少场合，一掷千金而不皱眉吝啬；区区10块新台币，买个馒头都不够，由钱的角度着眼，有什么好计较的呢！

因此，经济学强调成本效益，显然说不过去——为了小小的 10 块钱，何必义愤填膺和大动肝火？对于这种合情合理的质疑，经济学者当然应该有所因应。而且，除了自圆其说，最好还有些智识上的兴味。

最简单直接的响应，是要考虑成本效益的范围。除了区区的 10 块钱，觉得受到不公平的待遇，情绪上的起伏也是成本。因此，金钱上的损失加了情绪上的委屈，就超过一个 10 元硬币。经济分析还是派得上用场，只是要考虑"非货币"的价值。

进一步思索，人的成长经验，相当程度的决定了人的思维方式。从小到大，面对生活里的各种问题时，人们是依恃"经验方程式"，而不是"经济理论"。经验的累积，是由生活里的点点滴滴而来，因此，面对出租车加十块的情境，重点可能不在金钱，而是不公平、不合理、被占便宜的感受。一掷千金无吝啬的时刻，金钱显然也不是重点，而是当时气氛情境之下，自己称心快意的情怀。

也就是说，经验方程式的特质之一，是"类似情境类似处理"，而不是在所有的情境下，都只针对金钱单一的面向。类似的情境类似处理，有点像是"点的智慧"（point-wise wisdom），生活里有许多类似的情境，凝结成一个个的结晶点。以后遇上其他类似的情境，就唤起过去的经验来因应处理。当然，类似的情境类似处理，抽象来看，也是一种有效的思维方式，可以降低行为的成本。

比较有挑战性的考虑，是两种思维方式的接轨和整合。经验方程式，是由许许多多点的智慧所组成。经济学的成本效益分析，则是一以贯之，确实有助于行为和决策，可以提升效率。因此，如果能跨越诸多分散孤立的点，尝试建立起点际之间的联结，就可以以经验方程式为基础，加上经济分析的挹注，两全其美。

譬如，在出租车的情境里，面对 10 块钱之争，固然金钱事小，原则事大，可是引发原则之争的，还是金钱。如果在这个点上，也能想到其他的点（掷千金而不吝啬、公平的相对性等等），等于是扩充了思维的空间，在因应和取舍上，自然会更平稳笃定。

根据经验方程式操作，是跟着感觉走，也是绝大多数人安身立命的方式；援用经济分析，是经济学者念兹在兹的企图，是让思维指导行为。长远来看，当然值得挣脱跟着感觉走的束缚。至于运用经济分析到哪种程度，经济学者的标准答案是："一方面，如何如何……；另一方面，又如何如何……"（On the one hand, etc; on the other hand, etc）

经济学者不讨人喜欢，真是有以致之！

# 人为财死的逻辑

对于货币，人们几乎已经形成一种本能般的反应；只要涉及钱，潜意识立刻启动因应的机制。

"鸟为食亡，人为财死"，是生活里常用的谚语。然而，稍微琢磨就能发现，这句谚语有个小问题：没有食物，鸟非死不可；为争食物而伤亡，合于情理。可是，对人类而言，财物不是必需品，为什么人们往往为之粉身碎骨，甚至家破人亡呢？两者相提并论，似乎有点错误模拟！

不过，人为财死，确实是精确而深刻的描述。为什么呢？问题看来简单，要找到理直气壮的答案，似乎并不容易。也许，由一个相关的问题着手，要清楚一些：普天之下，绝大部分的人都爱"钱"，为什么？

谈到"钱"，经济学者当然有话说。任何一本《经济学原理》里，都详细列举货币的四大功能：钱是计数的单位，可以标示出一块、两块、三块等等。钱是交易的媒介，取代了以物易物的诸多不便。钱可以用来储藏价值——西红柿五天之后就腐坏，货币经得起时间的考验；只要通货膨胀不严重，啃咬纸币的虫类不多。最后一点，钱是支付债务的工具，所以交易无须现买现卖，而可以先享受后付款。

然而，了解教科书里四平八稳的定义，还是无法联想钱为什么如此重要。也许，先追本溯源，再回到当下，更能体会到货币的重要。

　　在古老的原始社会里，没有现代的纸钞硬币，也没有贝壳羽毛等等原始货币。人们打鱼狩猎为生，生活里最重要的，是谋生的工具，弓箭刀矢之类。对人们而言，不只是"帝力于我何有哉"，货币也是如此——货币无关生存繁衍，也无关生活起居，何必重视！

　　相形之下，现代生活里，货币的身影几乎无所不在。对绝大多数人而言，货币隐含着行为上的"可能性"，也意味着诸多的"限制"：有了货币，可以买食物玩具、汽车洋房等等，无论是必需品或奢侈品，有钱才能享受。另一方面，每个人多少都有类似的经验：口袋里硬币刚好差一两块钱，所以买不了矿泉水或上不了公交车，不得不先换钱或提钱，折腾之后才动得了身。而且，看到媒体上无所不在的名车豪宅，更能体会到自己囊中羞涩。因此，生活里的点点滴滴，日积月累之后，慢慢雕塑出人们对于钱的概念。和其他东西相比，货币的地位独特且无与伦比。对于货币，人们几乎已经形成一种本能般的反应；只要涉及钱，潜意识立刻启动因应的机制。或者小心守护，避免减损；或者勉力争取，希望增添。

　　由这种角度考虑，或许可以解释许多常见的现象：在餐馆里点菜或在超市买东西时，往往盯着价格看，即使价格之间的差别，远远比不上口味差别来得重要。亲兄弟明算账，即使手足之情无可替代。笑贫不笑娼，因为娼所代表的可能是服饰光鲜、手头阔绰，而安贫乐道是一种价值，却不容易长久坚持。还有，很多时候，为了数额不大的金钱，往往启动生理和心理大规模的反应，金额大小和反应强弱，经常不成比例。社会新闻里，很多斗殴凶杀的原因，正是为了微不足道的金钱。

由货币的性质，可以了解金钱的重要；而金钱和财富，只是一线之隔；金钱累积之后，就是财富。因此，追根究底，人会为财而死，是因为货币、金钱、财富的特殊性。由演化的角度着眼，货币是人类最重要的发明之一。有了货币之后，大幅地扩充了经济活动的空间。人类文明的进展，直接间接都和货币有关。然而，由货币所衍生出的财富，却悄然无息地带来新的问题。

人为财死，大概就是这些问题比较极端的脚注吧！

## 报应的逻辑

逮住犯过者的机率小于一，所以罚惩可能会超过罪愆；有条件鼓励改过自新，所以也可能耗费资源教化犯错者。

波斯纳教授大学时主修英文，而后就读哈佛法学院，表现优异，是《哈佛法学论丛》的主编。毕业后到斯坦福大学任教，因缘际会接触经济学，对经济分析惊艳，就转往芝加哥大学边教边学，也认识了贝克和斯蒂格勒（G. Stigler, 1911—1991）等诺贝尔奖级经济学家。天资聪慧加上努力过人，他很快就掌握经济分析的精髓，而后回过头来，重新检验他所熟悉、有高贵悠久传统的法学。

波斯纳论作不辍，公认是"法律经济学"的开山祖师之一。三十年前出版的《正义的经济分析》，现在读来还是痛快淋漓、发人深省。书里有好些篇幅，是探讨原始部落里的律法。人类学家所搜集的材料，成了他挥洒自如、点石成金的题材。

原始社会聚集而居，以茅草建筑为舍，不只是鸡犬之声相闻，人际之间几乎没有隐私。因此，即使是在自己的屋里谈话，遣词用字都很婉转，否则一旦言辞伤人，立刻有人闻声而至。在别人背后说长道短，以之为乐，是人们住了土块水泥建筑之后的事。原始社会里当然也有杀烧掳掠，也有鸡鸣狗盗之徒。然而，几乎毫无例外，一旦有事故发生，不问动机，不问是否为意外，当事人要负完全责任（strict liability）。原因很简单，原始社会里资源匮乏，没有专职的法官律师；操作律法，越简洁迅速越好。而且，一人犯错，亲属族人往往要负连带责任。罪及妻孥的做法，有几点明显的好处：当事人无力赔偿时，有救济的管道；连带责任使彼此牵连，可以发挥纠举监督的作用；人多势众，可以增加遏止和吓阻的力量。

因此，原始社会里律法的内容和操作，可以由成本的角度一以贯之。而罪与罚的体现，则是以报应（retribution）为核心；一个人犯了过错，就要承担对应的果报。报应能具体实现，不仅能维持物质人员正常运作，而且有助于支撑人们脑海里的世界观。

随着时代巨轮的转动，原始社会逐渐进展为农业社会、工商业社会，乃至于现代的信息社会。报应的观念，依然影响律法中的罪与罚。然而，因为支撑的条件不同，报应的内涵已经有明显的变化。一方面，原始社会没有政府组织，部落的居民自己操作司法；现代社会有政府组织，有专业的执法人员。许多责任已经由个人的身上，移转到公部门，连带责任的观念，早已被扬弃不用。另一方面，原始社会罪与罚的联结和实现，明快简洁而直接对应；以牙还牙、以眼还眼，而不是以眼还牙。现代社会，却可能过于不足——逮住犯过者的机率小于1，所以罚惩可能会超过罪愆；有条件鼓励改过自新，所以也可能耗费资源教化犯错者。

波斯纳对原始社会律法的阐释，有很多启示。首先，无论在原始或现代社会，律法都是人们共同生活不可缺的一部分。原始社会结构相对简单，更容易看出律法的工具性，以及工具和环境条件环环相扣的特质。而且，既然律法有工具的特质，刚好可以利用成本和效益的观念加以分析。其次，由原始社会到现代社会，是一个漫长的过程，律法的形式内涵，以及人们操作律法的思维观念，都经历了演化的过程

（an evolutionary process）。既然如此，对于律法的变与不变，就可以心平气和、由旁观者的角度斟酌分析。对于律法的执著，最好是一种相对的坚持。

波斯纳的学说精华，可以一言以蔽之："对于正义的追求，不能无视于代价!"（The demand for justice is not independent of its price.）至于代价的内容如何，当然是古今中外每个社会所面对的考验!

# 正义的逻辑

主持正义时，选择性地运用视力，这么做，或许更能彰显正义的长远价值。

正义女神（Goddess of Justice, Lady Justice）的雕像，通常有眼罩遮去双目；原因是主持正义时，女神要客观公正、不畏权势、不受利诱。当然，好事之徒会质疑，眼睛被遮住，东西南北都不分，又要如何明察秋毫呢？女神如何挥舞正义之剑，确实令人好奇。由一些案例里，也许可以稍稍揣摩司法女神的招数。

譬如救护车鸣笛疾驶时，如果有人恶意阻挡，当然会激起公愤。可是，稍微细究，救护车和消防车都是救急，可以鸣笛闯红灯。两者的轻重大小，还是有些差距：消防车救火、火势可能延烧，潜在的灾害很可观；相形之下，救护车通常只载运一位病患。因此，阻挠消防车和救护车，不该一视同仁。

此外，同样是伤害侵权，因为对象不同，所以承担不同的责任，观念上似乎简单明了，实务上却有层次之分。擦撞进口车和国产车，赔偿高低不同，理所当然。然而，不小心撞伤一个人，这个人是工人、教师、医生、律师、天王天后，赔偿就有很大的差别；虽然同样的理所当然，可是已经有点令人困惑。更极端的是，如果走路时听到别人叫你的名字，你猛回头，手肘不小心敲到一个人，假如这个人刚好是蛋壳头（an egg-shell skull），头骨脆弱如蛋壳，结果倒地不起而长眠。那么，你是不是还要负起完全的责任呢？

既然是蛋壳头，自己最知道自己的情况，是不是该采取某些防备的措施呢？就像在瓷器店里，明清陶瓷不能和量产的瓷器放在一起，自己的利益不设法维护，其他人的责任将相对减小。

在更复杂的情形里，要辨认好几位当事人的作为，并且课以对应的责任。两位好友一起去狩猎，听到远处草丛里一阵碎动窸窣，以为是狐狸。两人同时举枪扣扳机，一声惨叫，草丛后蹒跚走出一人倒地，身中两枪，一枪打中心脏，另一枪在大腿。只有一枪会致死，而在科技不发达的岁月，还没有弹道比对，两人的责任如何？两枪伤人致死，只有一枪是关键所在，另一枪无关生死。然而，在无从查明真相之下，可能只好各打五十大板，两人共同承担过失致死的责任。

另外一个例子，两辆机车违规，在闹区里高速蛇行，结果其中一辆猛地撞上行人，而另外一辆仅仅差之毫厘。对于这两辆机车，虽然行径同样危险挑衅，可是结果大不相同。一位可能是故意伤害，很可能要入牢服刑；另一位却是危险驾驶，可能只是罚锾①或吊销驾驶执照了事。

无论是救护车、消防车、蛋壳头、瓷器店、两猎枪或两机车的事例，都涉及法律和司法运作。如果把法律看成是游戏规则，很多人会认为，法律是在追求公平正义。然而，由这些例子可以看出，其实不然。面对光怪陆离的案件，法院的主要目的是完成程序，让案件有一个结果；至于结果是否使真相大白，并不一定是最重要的考虑——因为真相可能无从探知，而所有的人（当事人、家属、司法人员）都还要活下去。在某种意义上，有决定比没有决定好，错比不做好！

由这个角度来看，正义女神遮住双目的原因之一，也许是有意的：在主持正义时，选择性地运用视力，这么做，或许更能彰显正义的长远价值。

---

① 读作 huán，罚锾即罚款。

# 正义的刻度

把问题极端化、道德化，也许有益于宣泄自己的荷尔蒙，却无济于事。

2007 年 4 月到 5 月中旬，我利用休假到浙江大学经济学院访问，并且讲授《法律经济学》的短期课程。《南方周末》的余力女士，由广州飞来杭州与我碰面，邀请我在周刊上辟一专栏，同时把专栏定名为"熊出没注意"，应编辑要求，我也提供电子信箱，以便和读者交流互动。

某个周四清晨，我到校门口浙大路的书报摊，想买份《南方周末》，看看专栏的模样。我问老板周刊到了没，心想如果上面有我的文章，就买一份！老板拿了一份给我，我找到自己的文章，老板随口一问：是投稿？我答道：是专栏。老板大概没想到，眼前买周刊的人竟然有专栏，说了声：不错。可是，由他眼神里露出的敬重，我知道《南方周末》果然名不虚传，在一般人心目中大有分量。

专栏文章露面之后，总有读者来信，多半十封上下，还有人寄来资料，希望我能代为申冤。没想到"正义的刻度"这篇文章一见报，读者来函大量涌进，大概有百封左右，而且异口同声批评我的论点，认为由成本的角度探讨公平正义，简直是荒谬无稽。

一位读者质疑，是不是台湾的学术水平低落，怎么会有这种见解！还有一位读者直言，毛泽东曾说："有些人不该读书，因为越读越笨。"他原来不相信这句话，看了我的文章，才知道毛主席讲的确实有道理！我以为文章里所阐释的，是简单自明的道理，没想到却引起一片挞伐。也许，理未易明，值得再试着说清楚一些。

读者们的质疑，主要有两点：第一，文章里提到，被小偷偷了一块钱，花十块钱找回来也许值得，可是，花一百、一千、一万呢？追求正义，值得无限上纲吗？很多读者理直气壮地表示，勿以善小而不为。纵容偷一块钱的小偷，这个小偷食髓知味，很快会变成大偷、江洋大盗，甚至祸国殃民。小洞不补，到时候大洞更难补。第二，有些价值是不能用成本来计算的，譬如亲情、身家性命或国家民族，一旦有难，自然要义无反顾，不计代价（成本）投入。公平正义，是社会的长城，也应该不计代价的来捍卫。成本效益的思维，浅薄可笑可鄙可弃。

这两种质疑，想起来正气凛然，说起来掷地有声。可惜，心平气和的稍稍深究，却经不起理论和事实的检验。首先，针对个案来看，小偷变大偷的顾虑，似乎一气呵成。可是，除了这个小偷，还有很多其他的小偷、其他的官司案件，如果遵循同样的逻辑，个个追究到底，要耗用多少的司法资源，有哪一个文明社会负荷得了？而且，"小偷"的字眼还可以换成"随地吐痰的人"、"插队占位的人"、"由车窗丢出垃圾的人"……根据小偷变大偷的逻辑，这些"小小偷"是不是该绳之以法？可是，无论在观念或具体做法上，对于这些"小小偷"，一般社会都睁一只眼、闭一只眼。

微罪不举，是文明社会普遍接受和奉行的原则，也巧妙地反映了成本效益的考虑。还有，小偷变大偷的思维，意味着锱铢必计，对单一案件，可以投入大量的资源，以追求和实现公平正义。可是，顺着这个思维，对于每一个司法案件都要成立。有些棘手难破的案件，是不是该投入几乎无穷尽的司法资源呢？

其次，很多人直觉上认定，对于公平正义这些价值，不能从成本（效益）的角度来思索。因为，和亲情、国家民族等等崇高圣洁的价值一样，公平正义也是绝对的，而不是相对的，对于这些价值的追求，成本（代价）在所不计。

可是，一般人这么想，只不过是因为在正常生活里，无须面对困难的取舍。一旦真的面对，就必须勉强为之。譬如，自己的独生子女和自己的父母都得了重病，你的心力、时间、金钱要如何分配？优先次序为何？还有，范围再放大一些呢？要追求公平正义，还是先追求经济发展？先让老百姓受国民教育，还是先建高速公路？抽象来看，价值和价值之间的冲突，是水平方向上的取舍；某种价值的高低，是垂直方向的取舍。无论是水平方向或垂直方向，追求某种价值的背后，都隐含了权衡和取舍。

这些问题都很棘手，而且未必有正确答案可言。重要的是，在面对这些问题时，一个人如何思索分析，一个社会又是如何因应自处。以公平正义反映绝对价值，不但逃避公共政策的核心问题，而且把问题极端化、道德化。也许有益于宣泄自己的荷尔蒙，却无济于事。

其实，司法体系的运作，本身就反映了权衡取舍：一般案件，一审确定；重要的官司，两审定谳①。而且，年轻资浅的司法人员，处理一般案件；资深老道的同仁，处理棘手的案件。这些制度上的安排，正反映了司法资源很珍贵，要小心运用。背后的考虑，不就是成本效益分析吗？经济分析的特色所在，就是有系统的、明明白白的把相关因素列出，然后比较分析。对成本效益分析质疑的人，不妨自问：面对问题时，自己的思维方式是什么？是靠直觉经验吗？还是有一套推理思维的过程？

在所有的来信里，只有一位读者赞成我的分析。他是北京地方法院的一位法官，对于司法体系资源被滥用和误用的情况，有很深的感受。他提到，有些做法看起来是在追求公平、提升正义的刻度，其实是反其道而行。司法的运作，需要有好的思维分析工具。确实如此，大哉斯言。

仔细想想，很多对于公平正义想当然耳式的直觉判断，不但在理论上站不住脚，更经不起实证的检验！

---

① 读作 yàn，指审判定罪。

# 亚当·斯密也叹息

经济学的精髓，是由稀少性而来，和欲望无穷不相干。

这件公案和亚当·斯密有关，但是达尔文和严复也脱不了关系。达尔文的进化论，在严复中文造诣高超的笔下，被译为《天演论》；而且，"物竞天择、适者生存"的译文，捕捉了进化论的精髓，已经成为中文世界里的经典名句。

关于经济学的定义，中文教科书里似乎普遍认定：因为"资源有限、欲望无穷"，所以有经济问题；研究经济问题的这门学问，自然而然称为经济学。不过，这个看来四平八稳、对仗工整的定义，却有点东施效颦的味道。我自己读大学时，对于"资源有限、欲望无穷"的说法，人云亦云，也没有能力深思。等到拿了学位，琢磨经济思维十数年之后，才开始觉得这句话颇有问题。

1996年，我和几位朋友在台湾合写《经济学》，第一章由我执笔。开宗明义，我就直指其非：在大多数中文教科书里，都采取"资源有限、欲望无穷"的定义。可是，"资源有限"，合乎常情常理，每个人的金钱、时间、体力、思维，都有稀少性。既然稀少，加上用途互斥，就有选择的问题。可是，"欲望无穷"的说法，就值得斟酌。一方面，对于一般人而言，在日常生活里，并不会有"无穷"这种概念。希望吃得好、穿得美、赚得多、住得大，和欲望有关，但是和无穷还有一段距离。另一方面，个人要选择牛奶或果汁；同样的，社会要选择国防或交通——因为稀少性（资源有限）的问题，所以要选择，可是这和"欲望无穷"显然无关。

更何况，经济学探讨的范围，早已扩充到政治、法律、社会，在分析这些问题时，更和欲望无穷八竿子打不着。议会采两院制或一院制也好、大陆法系或普通法系也好、大家庭或小家庭也好等等，都可以从"稀少性"的角度，直指鹄的。可是，欲望无穷，不知从何说起。

教科书出版之后，十余年来，已经改版三次，也有一定的影响力。然而，"资源有限、欲望无穷"的说法，似乎已经根深蒂固，以讹传讹，积非成是。2007年，我接受邀请，写一本台湾高中的经济学用书。高中教科书，订有课程大纲，还要审查通过，才能出版。在课程大纲的第一页，就明明白白地列出：机会成本——资源有限与欲望无穷。订定课纲和负责审查的，是一个委员会，由经济学者和高中老师组成。

在撰写课文时，我委婉说明：资源的稀少性是重点，欲望无穷并不相关；一般人生活经验里，除了"极限"（limit）这个概念之外，其实很难体会"无穷"的意义。写完之后，书就送审。果不其然，审查委员有意见：欲望无穷，不只是中文教科书里如此，而且在数学课里，高中生已学过"极限"这个概念，所以不是问题。审查意见注明：修改！

我哭笑不得，有点秀才遇到兵的感觉。刚好，有事到香港一趟，和两位经济学者（香港经济学会会长何乐生以及城市大学商学院副院长陈顺源）碰面，我特别问他们这个问题。经过思索，他们不约而同表示：经济学的精髓，是由稀少性而来，和欲望无穷不相干。

根据审查意见，我做了很多修改，但是关于经济学定义的部分，我却一字不改。而且，再次送审时，我附了一封措辞婉转、但立场坚定的信。我表示，让证据来说话，如果审查委员能提出证明，任何一本主要英文教科书里，是以"资源有限、欲望无穷"来定义，我立刻从善如流。同时，我的好奇心也油然而生，到底谁是始作俑者，在中文世界里造成这种历久不衰的迷思？

在"社会科学院"的图书馆里，我找到中文版经济学的书架，上面的书有些纸张已经泛黄变脆。小心翻开出版的时间，不过才1960年代而已。也许战后物资条件匮乏，书籍用纸因陋就简。1966年，潘志奇出版的《经济学》，一开始就提到：人类想满足的欲望是无穷的，而其能利用的手段却是有限的。经济学大佬施建生的《经济学原理》，第一版于1955年发行，第一章里也表明：资源有限，而长期来看，欲望是无穷的。2005年，施建生的《经济学原理》已经发行了第十二版，而这段话，依然保留在书里。

我到台大总图书馆和"中央图书馆"去追根究底，找到更早的中文经济学著作（也许，这个题目值得写成一篇硕士论文)。不过，我想潘志奇和施建生的书里，不约而同出现"欲望无穷"的字眼，大概和某本英文著作里的"欲望不会餍足"（non-satiation of wants）有关。

然而，欲望不会餍足，并不等于"欲望无穷"。不会餍足，是有了房子，还想要车子；有了车子，还想要更好的车子。符合生活经验，也有说服力。可是，欲望无穷涉及"无穷"，却已经超越了生活经验。结果，翻译和遣词用字上微小的差池，代代相传之后，反而变成以词害意——不深究经济学的精髓，反而是以偏颇的定义来界定经济学。"资源有限、欲望无穷"的说法，当高中生们都朗朗上口时，不就变成众口铄金了吗？

给审查委员的信里，我引用波斯纳法官的名言："最高法院的判决是终极，不是因为这些判决是对的，而是因为它们是终极的。"（Decisions by the Supreme Court are final not because they are right but because they are final.）我请审查委员考虑，他们所认定经济学的定义，本身是对的？还是他们审查委员的身份使然，送审书局不得不附会他们所认定的定义？

亚当·斯密如果在世，不知道会不会叹息："天下本无事，庸人自扰之。"或者，他会庆幸，自己写的《国富论》不需要送审通过之后才能出版！

# 纵贯法学

瞎子摸象式的尝试，往往能自成一格，有一得之愚。

在经济学里优游（打滚）近三十年，对于这个号称为"社会科学之后"的学问，总有一点小小的心得。几年前我以"经济学012"为名，撰写一篇论文，希望捕捉经济学的核心思维；我所认定的核心思维，可以利用012表示为四大定理。

第一定理：○>0；大圈圈强过小圈圈，表示多比少来得好，甜比酸来得好；我希望薪水多多益善，住百坪豪屋而不是二十坪的公寓，出入有轿车司机代步，而不是骑破旧脚踏车，忍受乌烟瘴气！用文字来表示：人是理性的，会思索；人也是自利的，希望追求自己的福祉。

第二定理：1+1>2；存在不一定合理，存在一定有原因。一颗水珠滴到另一颗水珠上，不是得到两颗水珠。社会现象也是如此，看起来许多令人气结不豫的事，其实都有背后的原因。如果能以理解之，就无须以情绪怨怼。

第三定理：1+1<2；好价值的出现，是有条件的。大家都希望社会祥和进步，家庭和乐融洽，自己的身体、事业两面春风。然而，天上不会掉馅饼，要怎么收获，先要那么栽。希望享有美好的果实，必须检验有没有充沛的条件来支持。

第四定理：0～0；两个圈圈相对，表示一件事物的意义，是由其他事物衬托而出。没有绿叶的陪衬，突显不出红花的标致；没有坏人，就无法体会好人的价值。好坏是非善恶对错，都是相对的。因此，自己所依恃的参考坐标为何，值得仔细琢磨。

我认为，在相当程度上，这四大定理捕捉了经济学的精髓。而且，在理论和实务上，都有很大的发挥空间。而归纳出这些智能结晶，除了有自以为是的乐趣，也容易和其他学科与一般社会大众对话。

两三年前的某一天，我突然想到：如果经济学可以归纳出核心思维，有高贵悠久传统的法学，是不是也可以依样画葫芦呢？而且，如果福至心灵，说不定也可以用一些简单的符号来画龙点睛！

可惜，断断续续地想，进展并不大。一方面是我对法学了解得有限，一方面是学科性质有明显的差异，似乎有所得，却有点像断简残篇，不能成章。然而，无论最后的结果如何，我觉得有些概念确实是掌握法学核心的敲门砖，特别是从经济学的角度着眼。

首先，是多回合赛局（repeated game）的概念：人生要经过许多寒暑，国家社会更是如此。因此，典章制度的设计规划（法律和司法体系是其中的环节），必须着眼于未来。对于过错加以惩罚，看起来是处理过去，其实是为了将来；如果社会（人）只存在一天，就无须有各种规范和监狱。多回合赛局的概念，可以借一句成语来表达——太阳明天还会升起！

其次，工具（tools）的概念；在物竞天择、适者生存的漫长演化过程里，人类发展出各式各样的工具，希望能自求多福、趋吉避凶。因此，斧头轮子、火药汽车、桌子椅子等等，都是工具；各样典章制度，也是工具。法律是如此，抽象来看，人的思维观念也是如此。既然是工具，就值得选择比较好的工具；成本效益的概念，有益于分析工具的良窳。一言以蔽之，对公平正义的追求，不能无视于代价。

抽象来看，无论是对经济学、法学或任何其他学科，企图捕捉核心概念，本身就是饶有兴味，而且大有挑战性的尝试。瞎子摸象式的尝试，往往能自成一格，有一得之愚。"夫子之道，忠恕而已矣"，是千百年前类似活动的智识结晶。

## 什么是好的理论

一个人面对生活的大小事项，事实上就是运用脑海里的"理论"来因应。

对一般人而言，"理论"这两个字似乎很沉重，处理食衣住行、柴米油盐犹恐不足，哪有闲情逸致风花雪月。对一般民众如此，对绝大部分学术界人士也是如此；会抓老鼠的就是好猫，无须花心思在虚无缥缈的抽象问题上。

然而，理论不只对学者重要，对社会大众也关系密切。一个人面对生活的大小事项，事实上就是运用脑海里的"理论"来因应。因此，"善有善报，恶有恶报"，是一个小理论；"吃得苦中苦"和"要怎么收获，先那么栽"，也是不折不扣的小理论。

既然理论很重要，当然脑海里最好能储存一套好的理论。那么，什么又是"好的理论"？对于这个问题，不妨调书袋子，让文字来说话。借着社会科学里的经典，稍稍可以反映这个问题的趣味。

《运作民主的基础》（*Making Democracy Work*）这本书，普特南的团队（R. Putnam et al.）于 1993 年出版，广受重视。1976 年左右，意大利国会通过法案，缩减中央部会规模，把权力（和预算）下放到地方。普特南是美籍政治学者，因缘际会持续追踪，探讨这个重大变革对意大利各区域的影响。

在长期的探访调查之后，他的团队发表令人讶异、也发人深思的结果：意大利这个长筒马靴的北部和南部，几乎是两个截然不同的世界。面对制度变革提供民主化的契机，北方迅速发展，日新月异；而南方似乎原地踏步，在时空中驻足静观。

几项数字可以反映两者的差距：北部的省份，每 380 人有一足球俱乐部；南部的省份，850 人才能组成一个。北部某省，每 1.5 万人有一家家庭诊所；南方某省，380 万人才有一家，在某些地区，甚至没有任何家庭诊所。预算的执行率，北方省份达到97％，而南方有两省的执行率为0。南方民众向民意代表游说请托的比例，有20％；而在北方省份，类似的民众只占5％。

造成这些差距的原因，普特南认为主要是南北区域的历史经验使然。十一世纪起，北方就和欧洲其他地区密切往还，所以早已发展出各种专业和民间组织。相形之下，南部地区一直封闭自足，依赖绵密的人际网络（黑手党的温床）。一旦权力下放，原有的社会资源成为北方快速发展的基础；相反的，因为社会资源一向匮乏，即使有机会当家做主，南方地区却无从一展身手。因此，结论似乎很令人沮丧：以十一、十二世纪的状态为基础，就能预测近十个世纪之后的走向。

就个案研究而言，普特南的大作颇有可观，几乎已成为当代政治学的经典。对世界各地的人们而言，书中的发现也很有启发性：民主的制度不是凭空而来，也绝不是立竿见影；长期灌溉施肥的土壤，才可能绽放出美丽的花朵，才可能支持民主代议的制度。

然而，由理论的角度着眼，却可以对普特南的巨作吹毛求疵。根据搜集到的丰富材料，普特南描绘出一个极其有趣的画面。可是，他并没有归纳出一般性的原理原则，也没有提炼出核心的分析性概念。如果希望把普特南的体会，用来分析其他的政治（或经济、法律）现象，会觉得无所遵循，不知道该如何下手。

当然，普特南下笔时的自我定位，很可能就是呈现田野调查的成果。他希望娓娓道来一个启人深思的故事，而不是企图勾勒出一个完整的理论架构。那么，在其他的社会科学里，是不是有这种"吾道一以贯之"的雄心壮志呢？

# 冲突不一定都是坏事

冲突不是坏事，而是契机；借着处理冲突，可以澄清权利的结构。

曾有名言：我不寻求冲突，但是我不畏惧冲突。这句名言，颇有道理；至少，对我而言是如此！

学校附近不远处，有一捷运站，搭捷运时，我常把脚踏车停在站旁大楼的骑楼下。好几次，脚踏车被移到骑楼外的马路上，东倒西歪。我曾经到服务台，告诉保全：骑楼是公共场所，可以停脚踏车，不要随便动我的车。前几天又看到脚踏车被移动，倒在地上。我找到保全，他说是奉命行事，把责任推给大楼管理委员会。我表示：我不是要找他麻烦，给我管委会的电话，我会直接沟通。没想到，这位老兄竟然说：没有电话，电话可以上网查。我肾上腺素大量分泌，没好气地问他：有什么见不得人，为什么不能给电话号码？他满脸无所谓，不给就是不给。

我回到研究室，打开计算机，立刻上网，查出辖区派出所的电话。接通之后，我说明曲折，表示将立案，控告管理委员会"毁损"我的脚踏车。警员口气和善，问我要到派出所还是现场进行，然后双方约好十分钟后现场见。

回到现场，保全请来管委会的总干事。警员问明原委，问我脚踏车停在哪里？车子哪里受损？我强调，这是文明社会，在墙柱上贴告示："不准停车，否则将以'废弃物'丢弃"，于法无据。而且，随便移动别人财产，造成损伤，当然侵权违法。我指着车子横杆的刮痕，重漆费用大概600元，就是我要求的赔偿金额。

保全承认，是他搬动车子；总干事强调，脚踏车乱停，万一经过的路人绊倒，大楼要负责，净空是防患未然。警员两边说项，告诉保全和总干事，他们没有权利随便动别人的车；告诉我，小事一桩，真的要提告诉吗？来回劝解，最后和解成立：以后保全可以拍照存证，但是不能动车；总干事道歉，自己掏腰包赔偿300元。双方签字，彼此不得再提告诉。

吵了一个多小时的架，口袋里多了300元，气消了大半，头脑也清楚了一些：由"维权"的角度来看，管委会和我都理直气壮。大楼希望骑楼美观通畅，不希望脚踏车摆放，合情合理。我使用公共空间，不希望车子被移动受损，于法有据。彼此权益发生重叠时，经过冲突而厘清权利归属，可以说是好事。现代文明社会，依法治程序而捍卫自己的权益，利己利人。

脚踏车的停放冲突，看似为鸡毛蒜皮计较，有人吃饱饭没事干，借吵架锻炼 EQ 张缩的能力。其实不然！虽小道，必有可观者：捷运站旁的大楼，负荷了额外的重担，因为有捷运站，所以有大量的乘客；乘客的脚踏车和摩托车等等，当然要停在车站出口附近。如果捷运局设置的停车空间不足，自然而然会占用到附近的大楼店面、住户等地。因此，对于骑楼下的脚踏车，管委会要找麻烦的对象，不是车主，而是捷运局。捷运局配套设施不足，对附近造成不利影响，必须因应处理，就像捷运沿线要设隔音墙，减低噪音一样。

当然，市政府也可以响应：捷运站附近的大楼店面等等，价格一再上涨，市府并没有课增值税，管委会该自求多福，处理停车问题。显然，又是权益重叠，发生冲突。同样的，值得透过文明的程序，厘清彼此的权利。冲突不是坏事，而是契机；借着处理冲突，可以澄清权利的结构，有利于资源的有效运用！

怎么花赔偿的 300 元呢？当天下午运动跑步后，我到附近的鲜果行，加 200 元买了箱橘子，请水果行送到派出所，慰劳警察，表达我对警察处理冲突时稳重干练的敬意。

# 智慧的点线面

无论是个别的点或相连的线，都可以由成本效益的角度来认知和解读。

前一段时间稍有空闲，看了两本人类学的书。一本名为《绝不动怒：描绘一个爱斯基摩家庭》(*Never in Anger：Portrait of an Eskimo Family*)，是博士论文改写而成；另外一本也是田野调查，描述新西兰附近的一个原住民社会。

两本书里的几点描述，令人印象深刻：原住民发育成熟得早，性欲需要宣泄，因此有时年轻男子会以河里捕获的大鱼为对象，对着鱼肚发泄。还有，年轻人可能在地上挖个圆柱形的小洞，对着小洞摩擦泄欲。另一方面，在冰天雪地里，爱斯基摩人以小群体聚居，面对大自然严酷的考验，自然要同舟共济。因此，家庭内外的人际关系，都有意无意的抹去生气动怒的情绪。

相形之下，华人社会见诸文字的历史，都已经有好几千年了，那么，在面对大自然亘古长存的两大考验——生存和繁衍——这个古老的文明又积累出哪些资产呢？事实上，经过万千年的孕育递嬗，世世代代的老祖宗们已经雕琢出许多智慧结晶，这些传统智慧，像是珍珠一般，含意深厚，光可鉴人。当炎黄子孙面对生活里的大小考验时，这些传统智慧就发挥指引迷津、趋吉避凶的功能。譬如，吃得苦中苦，方为人上人；天助自助者；既以为人己愈有，既以与人己愈多；在家靠父母，出外靠朋友；如此等等。

有趣的是，这些历代相传的宝藏，虽然唾手可得和老少咸宜，却经常是彼此冲突，甚至直接抵触。譬如，一旦碰上考验和困阨，"退一步海阔天空"是智慧，可是"马善被人骑"也是智慧。还有，当机会和挑战来临时，"不入虎穴焉得虎子"是智慧，"以不变应万变"也是智慧。那么，面对左右和正反相抵的两种传统智慧，渺小的个人又该如何自处呢？

表面上看，这些传统智慧是指引和明灯，也是强心剂和镇定丸。但是，在本质上，这些传统智慧莫不隐含着成本和效益的考虑。譬如，"出外要靠朋友"，因为出门在外时，父母鞭长莫及，靠朋友的效益大、成本低，靠父母则反之。又譬如，"见人要说人话"，表示随机应变效益大、成本低，不知变通则相反。

更进一步，彼此抵触的传统智慧，也可以从成本效益的角度考虑。对当事人而言，如果"退一步海阔天空"的成本低、效益高（家里有高堂双亲和黄口小儿嗷嗷待哺）当然就不值得采取"马善被人骑"的策略。相反的，如果自己前有退路后有靠山，"马善则被人骑"的据理力争，可能反而成本低、效益高。因此，单独来看，各个传统智慧像是一个个的"点"，彼此冲突的两点之间，可以看成是一条线。无论是个别的点或相连的线，都可以由成本效益的角度来认知和解读。

在抽象的层次上，由成本效益来阐释传统智慧，不只是"点"和"线"而已，更重要的是对"面"的理解和因应。对于点线面的体会，最好以传统农业社会和现代工商社会作为对照。

传统的农业社会里，日出而作日落而息，春夏秋冬四时运行，年复一年。当然，老百姓也要面对天灾人祸的考验。不过，千百年以来，农业社会的轮轴，几乎是不断重复，也几乎察觉不到任何变化。在这种环境里，历代祖先所流传下来的各种智慧，足以面对生活里的大小事务。无论婚丧嫁娶或农渔畜牧，都有密切呼应的传统智慧可以依恃。对于社会结构的性质，乃至于社会的变化，无须操心。

相对的，现代工商业社会的脉动和变化，相去不可以道里计。工商业社会里，不会是"鸡犬之声相闻，老死不相往来"，即使是素昧平生的陌生人，即使相距在千里之外，透过经济活动和市场而唇齿相依。市场里的风吹草动，会像水面波纹一样，由中心扩散到每一个角落；而且，时代的巨轮不再是原地运转，而是以惊人的速度向前滚动。日新月异的字眼，已不足以捕捉现代社会的脉动——报纸的网络版，每天至少要更新十数次以上！面对快速变化的社会，传统的智慧经常是捉襟见肘。

还好，无论是农业社会或工商业社会，虽然生活内容大异其趣，变化的速度也有天壤之别，可是表面上的不同，只是样貌（configurations）的不同而已。本质上，人们的活动其实都是由成本和效益所驱动。农业社会里的静态，是环境里的各种力量交互运作之下，呈现出的状态；同样的，工商业社会的动态，也是环境里各种力量交互运作下，呈现出的状态。因此，重要的是掠去表面上的不同，由成本和效益的角度去体会琢磨。对于传统智慧，不但知其然，也知其所以然，而且试着归纳出由成本效益堆积而成的点线面。也就是，由传统智慧的点和线，进一步勾勒出现代社会完整的平面。

由爱斯基摩人安身立命之道，联结到现代工商业社会，几乎是一道鸿沟。由华人社会的传统智慧，联结到现代工商业社会，可是容易得多！

## 蚂蚁和蜜蜂的经济思维

经济学和生物学的结合是起步不久的新兴领域，后续的发展，令人引颈企盼。

贝克聪慧多产，得到博士后不久，就把已发表的论文出版成书，名为《人类行为的经济分析》（*The Economic Approach to Human Behavior*）；当他多年后得到诺贝尔奖时，在颁奖典礼上发表的演讲，名为"行为的经济分析"（The Economic Way of Looking at Behavior）。两相比较，可以体会他的用意和自信：经济分析不只可以分析人类行为，对其他动物的行为，也可以依样画葫芦。

相形之下，对于经济学和经济帝国主义，另一位诺贝尔奖得主科斯笔下不无嘲讽：有人似乎认为，"经济分析也可以用在老鼠、猫和章鱼等身上"。两人之间到底取舍如何，不妨让事实来说话。

关于蜜蜂和蚂蚁，生物学者已经有相当充分的了解。两者都是群居、社会性很强的生物，而且组织严密，有非常清晰的阶层和分工。但是，两者之间，有一点非常明确的差异：蚂蚁的居住和活动型态，有点像核心城市与卫星城市的结构，蚁后住在核心总部里，外围有一些卫星般的聚落，彼此之间联系密切，负责输运的工蚁络绎于途。相形之下，蜜蜂只有一个蜂巢，如果经过繁殖扩充而规模过大，就会分成两个部落，各有各的蜂后，但是彼此不相往来。

可是，为什么呢？蜜蜂和蚂蚁，为什么会形成两种截然不同的生活、工作型态？对于这个谜题，经济学者兰达（Janet Landa）尝试提出解释。大自然里，生存是恒久的考验，因此，漫长的演化过程里，各种生物会慢慢琢磨出各自的生存之道。

蜜蜂采摘花粉之后，送回蜂巢，凝结为蜂蜜。如果有卫星为转运站，似乎可以大幅扩充活动范围。可是，蜜蜂里也有小偷强盗之徒，如果有卫星站，就必须分出一些"人手"负责防守。而且，卫星站毕竟势单力薄，如果其他蜂群或生物入侵，不容易有效防卫和反击。因此，集中在一个蜂巢，有利于防守和生存。

然而，蚂蚁的处境却大不相同。除了核心城市，如果有几个卫星点，就可以往外扩充觅食的范围。工蚁活动时，常用腹部轻触地面，留下少量的分泌物，日积月累，就形成固定的轨迹。以总部为核心而卫星为外围，借着分泌物的特殊气味，蚁群可以界定出势力范围；其他蚁群分泌物气味不同，一旦进入疆界，很容易就被辨认出来。

蚂蚁的生存之道，对蜜蜂显然不适用。在三度空间里，不容易借分泌物作为标示，当夜幕低垂时，更不容易辨认彼此。因此，蚂蚁的势力范围，是以"面"来界定；而蜜蜂捍卫的，只能是蜂巢这个城堡，这个"点"。

借着简单的成本和效益概念，兰达提出一种合于情理的解释。当然，对于这种解释，可以质疑只是后见之明——根据结果，找出一套自圆其说的理由。更完整的故事，应该是描绘整个演化的过程：蚂蚁和蜜蜂，是如何走上各自的演化轨迹；它们各自的生理结构，也应该是演化故事的一部分。而且，对于同样的现象，难道没有其他可能的解释吗？

确实，这些质疑都合情合理，经济学者只是提出一得之愚而已。然而，单单是这个例子，已经可以看出经济分析适用的范围，的确不限于人类行为。经济学和生物学的结合（生物经济学）是起步不久的新兴领域，后续的发展，令人引颈企盼。

如果蚂蚁和蜜蜂的生存之道，可以由经济分析着眼；陆军和空军的战术和战略，是不是也有经济学置喙的可能？

## 悲剧是无解的吗

无论如何荒诞无稽，只要选择了程序，自然可以做出抉择。

一般人的生活里，当然也有大大小小的疙瘩和不豫。可是，真正碰上悲剧的情境，毕竟少之又少。那么，一旦面对风毛麟角的悲剧，该怎么办呢？

希腊神话里，俄狄浦斯（Oedipus）被逐出自己的王国底比斯（Thebes）之后，克瑞翁（Creon）继位。老国王的儿子之一厄忒俄克勒斯（Eteocles），统帅王国的大军。另一位儿子波吕尼克斯（Polynices），则是率军对抗新国王的叛军首领。两军交锋，兄弟对决，结果都在沙场壮烈捐躯。国王克瑞翁厚葬大将厄忒俄克勒斯，却让叛将波吕尼克斯的尸首曝晒在烈日之下，并且下令：任何人胆敢收尸，将处决示众！

安提戈涅（Antigone）是两兄弟的手足，她面对一连串的打击：父王被逐，两兄弟阋墙，丧身战场；虽然兄弟之一备享哀荣，另一手足却曝尸荒野，身后还被诅咒。如果不收尸，对不起自己的良知；如果去收尸，自己也将成为亡魂。天人交战之后，她还是把波吕尼克斯的尸首下葬。

这可是不折不扣的悲剧，无论如何自处，都是只输不赢。那么，如果不幸遇上这种情境，怎么办呢？就文学而言，悲剧的重要启示之一，就是借着扣人心弦的情节，凸显出人的脆弱和渺小，以及世事的荒谬无常。然而，社会科学研究者，特别是冷血无情的经济学者，总要冷眼旁观，然后不识相的自矜自是一番。

对于困难的情境（官司），法律经济学大家波斯纳教授曾经指引迷津：社会变动得很快，新生事物不断涌现。对于这些新生事物——例如，弟弟的精子和姊姊的卵子结合，生下的婴儿身份如何——法官通常无法掌握全貌，因此最好不要作原则性的处置。等类似的案件陆续出现，经验累积够多之后，再作一般性的臧否。这种做法，波斯纳名为"打混仗"（the muddle-through approach）！

布坎南教授是公共选择学派的创始人，也是诺贝尔经济学奖得主。在市场里，人们做的是"私人选择"（private choice）；在政治过程里，人们做的是"公共选择"（public choice）。对于公共政策，经常出现两全不其美、双方互不相让、僵持不下的情景，诸如要不要盖核能厂、加不加入欧盟等等。

布坎南认为，双方争执的焦点，是公共政策的内容，也就是"结果"（outcome）；如果对公共政策的结果各说各话，不妨移转焦点，考虑"过程"（process），也就是处理公共政策的程序。只要找出双方都可以接受的程序，透过这种方式，就可以解决问题。而且，"过程"比较中性，比较容易得到共识。只要接受处理问题的过程，也就容易接受最后的结果。

两位大师的招数，都有相当的参考价值。然而，面对悲剧，波斯纳的做法可能帮助较小。毕竟，悲剧出现的次数少，即使再出现，通常前后并不相关；无从先处理细节，再累积经验。相形之下，面对悲剧时，布坎南的做法，无论对个人或社会，都派得上用场。当眼前是艰难的考验而无所适从时，勉强之下可以选个程序：祷告、烧龟甲、丢铜板、抽签、划拳等等。

无论如何荒诞无稽，只要选择了程序，自然可以做出抉择。而且，正因为两难啮咬人心，把抉择交给程序，反而容易卸下心理上的重担。重要的不只是面对这一次的考验，而是浩劫过后，还能自处。

当然，经济学者的论对，有点像是不着边际的益智游戏。对于人心的刻画，远远比不上文学家的笔触。因此，畅销书单上，少有经济学家的作品，合情合理。然而，当真正的考验来临时，谁又比较帮得上忙呢？

# "多多"不一定"益善"

对于街角自助餐店，镜头的焦点可以集中。对于观光饭店里的自助餐，镜头就必须拉长。

近二十年前，儿子五六岁时，我曾问他一个问题：如果他开个面包店，那么卖 10 种面包好，还是卖 100 种面包好。当时他脸上的表情，我现在还记得："100 种！"他两眼发亮，无限神往。

然而，童话里的世界，毕竟经不起事实的检验。我稍作分析：做 100 种面包，好则好矣，可是程序复杂，费时费力。卖 100 种面包，好则好矣，可是消费者面对太多选择，瞻前顾后，也是耗时耗力。多年后，在课堂里，几乎面对同样的问题。对于企业的经营策略，涵盖"多元化"这个选项。面对瞬时万变的环境，企业最好不要只做一样，把全部的鸡蛋，放在一个篮子里。然而，多元化的程度，如何最好呢？

似乎，有些同学的思维和多年前儿子的直觉一样：多多益善，越多越好。我稍加说明，还是有人不为所动。年轻人思绪活泼，举出生活里的例子论证：专业化社会里，就业需要各种证照；在毕业之前，能取得的证照越多越好。自助餐厅里，菜色难道不是越多越好？

证照的问题，相对简单。有 20 张不同技能和类别的证照，不如有三四种高级证照；有了基本的广度之后，深度更为重要。关于自助餐，和每个人生活经验相关，确实是个好例子。我当下出了家庭作业，要同学去 3 个不同的自助餐厅，搜集相关信息：到底有几道菜，客人大概有多少，鱼肉菜蔬的荤素比例如何？

具体的数字，当然要实地走访，才能"拿出证据来"。然而，设身处地想，大致的答案其实很清楚：自助餐店的老板，会考虑潜在的客源，为自己定位，主要是价格和形式（自己选菜或套餐等）方面，而后再根据大致的价位，决定菜的种类和内容。无论客源多么充沛，菜的种类不可能无限上纲；和面包店的考虑无分轩轾。至于确切的数字，菜色有 10 种、20、30、还是 40 种，倒真的要实地考察。下限和上限各为何，确是有趣的信息。

然而，虽小道，必有可观者。观光饭店里也有自助餐，去过的人都知道，菜式可能上百种，而且往往还有专人服务的小摊，现场调理。这又怎么解释？

和街角的自助餐店相比，观光饭店的自助餐无论是质和量，都要高几个档次。不过，即使种类花样繁多，中美日式餐点环绕整个大厅，样式还是有上限，不可能无限上纲。而且，街角小店和大饭店这两者之间，还有一点微妙的曲折。

对于街角小店，自助餐就是自助餐，盈亏决定存活。观光饭店里自助餐只是所有服务设施的一环，除此之外，可能还有健身房、游泳池、衣服洗烫等等。在各个单项上，可能入不敷出，然而，因为设施服务多样化，提供了一个完整的住宿环境。只要饭店整体获利，个别项目上可以有亏损的空间。

抽象来看，这意味着分析问题的一种路径：对于街角自助餐店，镜头的焦点可以集中。对于观光饭店里的自助餐，镜头就必须拉长，要纳入更多的景观，考虑更多的因素，取舍之道，由相关的条件所决定。多元化经营、面包店、证照自助餐，表象不一，背后的考虑却是一以贯之。

奥林匹克运动会里，除了单项竞技之外，男子十项、女子五项也是重头戏之一。如果改为男子二十项、女子十项，还是有人会参加，有人会拿金牌。可是，为什么不多多益善呢？

# 读法律以修水管

律法所需要的配套观念，追根究底还是在于"规则"。

当代法学大家波斯纳尝言：法律是一种专业，性质上和其他专业一样；而且，精确一点的比拟，这个专业和修水管无分轩轾。

波斯纳是哈佛法学院第一名毕业，曾任芝加哥大学法学院讲座教授，第七巡回法院法官，著作等身。因此，他的比拟，有点后现代式的解构，又明显的语带贬抑；然而，他当然不是无的放矢。他的说法，值得由较广阔的角度阐释！

在原始社会里，人类聚集而居，不可避免的有各式各样的摩擦冲突、杀盗伤毁。要处理这些问题，自然逐渐发展出律法，以及操作律法的方式。在资源相对匮乏的条件下，律法的内容和方式（实质和程序）必然是简单明确的——"杀人者死，伤人及盗抵罪"，是战乱过后的律法，确实简单明确。

在操作律法的过程中，会发展出很多相关的观念，是配套措施，有助于律法的运作。两个最明确的概念，一是正义，一是道德。刑法的两大作用，应报和警示，反映了正义的内涵；"以牙还牙、以眼还眼"，是体现正义的方式之一。

道德和律法的关联，要复杂一些。对每一个人而言，由小到大的社会化过程里，受到各式各样的规范，也在脑海里发展出一套价值体系，以及对应的道德。无论生活里的食衣住行、和别人相处的应对进退，都有对错是非的尺度。一旦逾矩，自己良知（道德）上会自我谴责，自己惩戒自己。

社会是由个人所组成，个人层次的道德，汇集加总之后，就是社会的道德和价值体系。个人和社会互为因果，彼此反馈增强。当然，道德和律法密不可分，道德的理念反映在律法之中。偷盗不仅违法，而且是"错"的；而且，律法的运作，也经常借助道德的力量，好比对于违规闯红灯的驾驶人，交通警察往往朗声斥责驾驶人，而后者通常默然歉然以对。

因此，无论是在个人还是在社会的层次上，道德和律法都环环相扣。律法的核心精神——正义——就含有浓厚的道德成分。历来的习法执法者，秉于捍卫正义的庄严使命，在言行上正气凛然，可以说是有以致之。

然而，抽象来看，由原始部落以降，律法是应需要而生，是解决问题的工具；道德也是如此，是个人和社会孕育出的工具；正义的概念，亦复如此，是操作律法的辅助手段，也是工具。既然是工具，就可以平实地分析优劣高下，而无须视为神圣不可侵犯的禁忌。

工具的另外一层含意，是工具不会一成不变；随着环境的变化，问题的形式和内容也有所不同。面对的问题不同，理所当然，处理问题的工具也相应而异。由部落社会、农业社会、到现代工商业社会，人际互动的变化何其可观。工商业社会里，打砸抢杀还是问题；然而，更重要的，是市场活动、公司治理、环境保护、教育文化、政府组织如此等等。

处理这些问题，援用"正义"不但使不上力，而且往往牛头不对马嘴。律法所需要的配套观念，追根究底还是在于"规则"。虽然事物的表象千变万化，本质上还是人际交往，希望能共有共荣，因此需要找出一套好的"规则"。

对于规则的探讨，道德哲学可能帮助不大；社会科学里的组织理论和行为理论，可能更帮得上忙。也就是，随着社会的进展，修水管所依恃的也该与时俱进！

# 何谓"自由"

自由是一种权利；而权利变化的路径，是由具体走向抽象，由实体走向虚拟。

最近教"法律经济学"，班上有好几位法研所的研究生。既然是法学背景，受的当然是传统法学的训练；言语之间，我认为有些是大有问题的"传统智慧"。我出了一个家庭作业，要学生们仔细检验：穆勒（John Mill）在《论自由》（*On Liberty*）的名言——一个人的自由，是以不侵犯他人的自由为自由——到底合不合逻辑？在实务上能不能操作？

穆勒对自由的定义，大家都耳熟能详。可是，稍稍思索，逻辑上其实很有问题。一个人的自由，是以"不侵犯他人自由"来界定；而"他人的自由"，又是以"不侵犯别人的自由"来界定，显然变成循环论证。听起来理直气壮，却经不起逻辑的检验，实务上也无从操作。而且，再吹毛求疵一点，中文翻译和原文其实有一点落差。穆勒的原文，精确一点的中文翻译，其实是："如果一个人的行为，对其他人不造成伤害，那么他就享有行为的自由"。

在法学思想里，这是有名的"伤害原则"（The Harm Principle）。观念虽然简单，在实务操作上却有很大的讨论空间。譬如，如果有人自残，把自己割砍得血肉模糊，算不算伤害到别人？一个人找自己的麻烦，有没有这种自由？或者，伴侣在性行为时，自虐而自得其乐，法律能不能介入？（历史上，有相当一段时间，美国的某些州甚至不准肛交！）

因此，无论是中文译文或原文，穆勒对自由的阐释，都颇有可议之处。所以，当学生交了报告，我发挥一番之后，要他们再做一个作业：如果穆勒的定义有问题，怎么阐释"自由"这个概念比较好？既然要同学做作业，我自己也开始动脑筋；对于自由这个概念，即使不能面面俱到，至少也要有一得之愚。

最明显的，是根据我多年的经验，处理抽象的概念问题，最好不要以定义式的方式着手。比较好的做法，反而是像瞎子摸象一般，借着一些具体的事例，突显相关的几个面向。看清楚几棵树之后，往往能约略琢磨整个林相和林貌。两个具体的事例，在我脑海里浮现。

首先，是一则电视新闻报道：美国某个小城的一所小学，学童在操场上体育课。附近空旷草坪刚好有人在跳伞，没想到，其中一个人的伞出了问题，打不开，连人带伞像石块一样直接由高空坠落。学童们目睹这一幕，一片惊叫哭喊。根据新闻报道，校方立刻做出安排，让小朋友们接受心理辅导。看到这则报道时，我心里琢磨：非洲和东欧的内战里，小朋友目睹的惨状想必不少，不过大概不会有心理辅导的资源。

另外，英国法院最近做出的判决：发生车祸时，往往有肢体扭曲、血肉模糊的景象。过去，保险公司赔偿时，只对肢体伤害给予弥补；后来，目睹惨状，精神上受的惊吓，也可以要求赔偿；再进一步，亲人闻讯赶到车祸现场，目睹惨况，也可以要求赔偿精神损失。最新的判决是，亲人知道消息，30分钟之内赶到医院，即使已经不是车祸现场，即使是在医院里看到肢体残缺的精神伤害，也可以要求赔偿。

虽然只是两个事例，而且和"自由"未必直接相关，但是，稍稍琢磨，就可以从里面萃取出一些有关"自由"的内涵。真实世界里的自由，不是一成不变的，随着时间的递移，会与时俱进。当环境里的条件改变时，一个人的自由也跟着改变。可惜，根据穆勒的定义，无论是中文译文或原来的旨意，却感受不到"变动"的这点特质。

自由变动的轨迹，其实也很清楚。广泛来说，自由是种权利（right）；而权利变化的路径，是由具体走向抽象，由实体走向虚拟。过去发生车祸，只会针对实质伤害处理；车辆的损毁、人员肢体生命的伤残，是具体明确的。然而，随着社会的演化进展，除了车辆人员的具体损失之外，还会开始处理抽象的伤害——精神上受到的折磨。

而且，由英国的判决可以明显看出：精神损失赔偿的范围，也逐渐扩充。由车祸现场的人员，到赶来现场的亲友，再延伸到事故后赶到医院的亲友，他们精神上的伤害，都可以得到补偿。当然，这种发展的背后，是社会的资源越来越多，有条件支持更多的权利。

抽象来看，自由的身影有点像是"锯齿"——找一张纸，随手由中间一撕，分开成两半，半张纸的边缘通常不是整齐划一，而是像锯齿一般，伸伸缩缩、凹凹凸凸，没有明显的规则可循。自由的模样，正是如此。

随着社会的进展，人际之间有诸多摩擦和冲突出现，借着处理这些摩擦和冲突，人的自由被断断续续、点点滴滴的雕塑和再雕塑。常出现问题的部分，会被斧凿得精细一些；否则，就可能长时间不变。可惜的是，这些对自由（和权利）的体会，由穆勒的定义里却完全感受不出。

最后，香港最近的一个判例，可以更精致地烘托出自由的（某些）内涵。为了处理性骚扰，世界各地的公私机构纷纷通过相关的规定。可是，原则性的规定，碰上具体的事例，要怎么适用呢？"眼光不能注视女性胸部过久"，是规定之一。不过，什么是"过久"？香港法院最近做出的判决是：眼光不能停留在女性胸部超过"七秒钟"！

那么，可不可以在第六秒的时候移开，过了一秒钟再移回来呢？到底有没有这种自由，穆勒大概帮助不大，可能要等下一个官司了。

# 我们都在给别人"贴标签"

该提醒的是，要提升贴标签的能力技巧，而不是希望人们不要贴标签。

用形容词来描述贴标签，就是以点为面、想当然耳、对着黑影开枪。最贴切的例子之一是，清朝时有位诗人，福至心灵、充满想象力地写下诗句：清风不识字，何必乱翻书。结果，被贴上反大清、有二心的标签，身首异处。标签害人，又是一例。

贴标签有诸多负作用，广为人知；然而，大多数人却忽略了，贴标签有非常积极正面的含意：对于人事物形成初步、粗浅和表面的印象，可以大幅降低行为的成本。生活里许许多多的情境，只需要有肤浅（skin deep）的了解就够了。事实上，反躬自问，每一个人都靠着贴标签过日子。而且，再深一层斟酌，在诸多交往互动里，需要知道"真相"的到底有多少？

因此，对于人事物贴标签，是常态，而且有以致之。该提醒的是，要提升贴标签的能力技巧，而不是希望人们不要贴标签。比较有兴味的，是另一个层次的延伸：对于人事物，人们会自然而然地贴标签；那么，对于自己呢？人们会不会对自己贴标签？如果会，原因何在，含意和启示又是如何呢？

经济学者阿克尔洛夫（George Akerlof），诺贝尔奖得主，最近出版了一本书，名为《形象经济学》（*Identity Economics*），就是探讨这些问题。人出生之后，在社会化的过程中，会慢慢形成对自己的认知，包括生理上的高矮胖瘦，以及心理上的强弱软硬等等。这些认知，是真实和想象的某种组合——自己明明胆小如鼠，却可能自认为是正义凛然、见义勇为。形象、身份、自我认知，虽然词汇不同，反映的是同一种现象。一个人给自己贴上某种标签，然后在衣食住行、言谈举止各方面，都根据这种标签来取舍，好比不愿意在路边摊吃东西的人，显然很在乎自己的形象。

阿克尔洛夫认为，由"形象"这个概念，可以解释诸多社会现象。最明显的例子，是美国女性的抽烟。过去，男主外女主内；单职家庭的时代里，抽烟几乎是男性的天下。香烟广告里，多的是粗犷的男性，在马背上或山野间吞云吐雾。然而，二次大战后，女性大量进入职场，随着财务的自主性提高，女性在家庭内外的地位也大幅上升。抽烟，象征着独立、自主、个性、自由，因此一代之间，抽烟的女性人口跳跃式成长。阿克尔洛夫认为，最好的解释，就是女性们的自我形象已经迥异于往昔。透过吸烟，她们希望肯定自己得来不易、崭新的地位。曾有很长一段时间，媒体上常出现一个堪称经典的画面：一位时髦修长的女性，笑得阳光灿烂，手上夹着细长的 Virginia Slims 香烟，旁边的广告词是："宝贝，你可熬出头了！"（You have come a long way, Baby.）

两相比较，对人事物贴标签和对自己贴标签，含意不同。一般而言，人事物不在自己的掌握之下，自己只是旁观者。可是，自己的实质和表相这两者——真我和标签——都在自己的掌握之中。处理这两者，至少有两种方式：先雕塑出实实在在的内容，再贴上对应的标签，这是一种做法；另外一种做法，是以某种标签为目标，再形塑自己的实质。无论表相和实质如何，长远来看，让两者大略呼应、差距不至于过大，是成本较低的操作方式。自我形象大方慷慨，实际上小气吝啬的人，通常人际关系不好。

对人事物贴标签，可以降低行为的成本；对自己贴标签，也是在降低自处的成本。因此，不一定要贴好的标签，但是值得好好地贴标签，因为我们每一个人都在贴标签！

# 生活给的启示

不要在抽象的理论里打转，最好是试着在大千世界里，体会学理的现实意义。

一位报社的编辑多次邀约，希望我能写篇文章，谈谈对自己影响最大的一本书。我一直没有应邀，因为心里总有点排斥和抗拒。

心里不豫的理由，主要有两点：一方面，虽然自己绝不是学富五车，但是几十年来也确实看了一些书，要从里面挑出单单一本，我觉得有点困难。另一方面，从阅读里，我确实获益匪浅，心智和思维上，都受到很大的启发。但是，要指明"对自己影响最大的一本书"，似乎有点长他人志气、灭自己威风的味道。

不过，仔细想想，邀约所隐含的挑战其实合情合理，没有必要回避。我已经想清楚，如果要挑一本对我影响最大的书，我会说：那是一本小书，作者是大名鼎鼎的诺贝尔奖得主布坎南，但是出版社却是名不见经传的"夏威夷大学出版社"。

布坎南在1986年获奖之后，接受各地的邀约，发表一连串的学术演讲，《政治经济学论文》(*Essays on the Political Economy*) 这本书，就是他在夏威夷大学的系列演讲，经编辑而成书。其中的一篇讲词，名为"论工作伦理" (On the Work Ethic)。

即使事隔多年，这篇讲词的内容，我还记得很清楚。在美国，每年一月的盛事，是美式足球的冠军争夺赛"超级杯"(Super Bowl)，电视的现场转播，总是吸引以千万计的观众。布坎南也不例外，他同样喜欢看"超级杯"，不过虽然美式足球正式的比赛时间只有60分钟，可是把犯规、伤停、暂停、中场休息等时间加在一起，至少要3个小时以上。

布坎南觉得，在电视机前花这么长的时间，有点罪恶感，因此，他就从后院拣了一些核桃，一边看电视一边敲核桃、挑核桃仁。然后，他问自己这样一个大哉问：为什么看"超级杯"，自己会有罪恶感？有点像牛顿问自己：为什么这颗苹果会掉在自己头上？

经过思索，布坎南的体会是：如果一个人长时间嬉戏而不工作，自己固然没有生产力，对其他人而言，也无法透过"交换"而互蒙其利。因此，他认为，西方社会强调工作伦理，刚好和资本主义的精神相呼应。资本主义社会之所以能创造出财富，就是一般人在思想观念上，已经塑造出对工作积极正面的态度。

在星期天看电视，布坎南心里还是有罪恶感，这种工作和休闲不分的想法、做法，想必很多人期期以为不可。毕竟，工作归工作，休闲归休闲。美国最高法院的某位法官就曾表示，每年一定要度假两个月，因为：他可以在 10 个月里，做完 12 个月的事，但是他不能在 12 个月里，做完 12 个月的事。不过，对布坎南而言，由自己的罪恶感联想到工作伦理，乃至于和资本主义的关联，这种以小见大的思维，确实令人佩服。我相信，能有这种联想和发现，他自己一定也很得意。

对我而言，布坎南的故事还有两点特别的启示。由生活上的小事，他得到灵感，而后有学理上的体会，再以学术论述的方式发表，而论述的内容，其实是寻常的智慧，老妪能解。因此，诺贝尔奖得主的思维曲折，并不是遥不可及的绝峰万仞，值得常常提醒自己，有为者亦若是。另一方面，由生活琐事，他可以联想到抽象的学理，反过来说，社会科学里的各种理论，总是可以在生活经验里找到印证。也就是说，不要在抽象的理论里打转，最好是试着在大千世界里，体会学理的现实意义。

这些年来，这两点启示直接、间接地影响我。诺贝尔奖得主是经济学者里的巨人，然而，巨人还是人，只要用心思索，爬上巨人的肩膀，并不是登天之难。到目前为止，在国际学术期刊上，我已经发表十篇以上的论文，讨论布坎南、贝克和科斯这三位大师；或是在研究主题（subject matter）上，或是在分析方法（analytical approach）上，臧否他们的观点。

另一方面，在生活里思索学理，我的经验更是活泼精彩、妙趣横生。这些年来，除了学术论著之外，我一直试着以散文的方式，阐释经济分析的理念和趣味。数以百计的"经济散文"，当然不是硬邦邦专有名词和术语的堆砌。大部分时候，我是由生活里的柴米油盐、日常生活的耳闻目见开始，再联结到学理上的思维。一个具体的例子，可以反映其余。

几年前，台湾发生一个特殊的事故，引发一场官司。某个灵骨塔里存放着许多骨灰坛，但不幸发生火灾，烧毁了一些骨灰坛。骨灰坛的家属悲痛难抑，要求赔偿损失。可是，肢体和人命受损，已经慢慢有一套赔偿的标准，而骨灰坛损毁，可是不折不扣的新生事物。特别是在民意高涨的时代，要如何赔偿和善后呢？

当初在报纸上看到这则新闻时，我也困惑了一阵子。后来，我提醒自己以生活经验为准，在脑海的数据库里找一些类似的情境，作为思索的参考坐标。果然，这么一转折，马上联想到类似的例子：灵骨塔保管骨灰坛，是一种服务性契约，就和衣物送洗、到银行租保管箱一样。一旦服务性契约出了差错，就可以以行规来赔偿——通常是赔服务费用的某个倍数。而后，再一延伸，就可以想到一个光谱：一个极端，是幼儿园托儿所；另一个极端，是衣物送洗和银行保管箱。骨灰坛，显然就是介于这两种极端之间。

我把这个例子，写进《正义的成本》这本书里，书里还有其他数十个官司和实例，但是作序的两位法学巨擘，竟然不约而同的，在序里都提到这个实例，而且对于从生活经验着手的思维方式，大表赞扬。

对于我的经济散文，有些读者或书评表示：好则好矣，但是太过琐碎，太过生活化了一些。对于这种批评，我从来没有响应，因为我知道，他们批评的不只是我，他们也批评了诺贝尔奖得主布坎南！

# 文章是为读者而写，为自己写的是日记

如果自己都不能掌握文章的核心观点，试问读者难道会有兴趣借着代筹？

二十余年前任教开始，我写了许许多多的文章。学术论文和各种教材，当然不在话下，此外，还有长短不一，为一般社会大众而作的作品。

这些"社普"（社会科学普及化）文章的成果，差强人意。几点事实，可以稍稍佐证：第一，有两篇短文，被选为台湾高职"国文"教材的课文；第二，曾多次应邀到文艺、文学营里担任"散文写作"的讲师；第三，台湾最重要的两本文学类刊物，《联合文学》和《印刻生活文学杂志》，我都曾为其写过专栏。第四，在香港的《信报》和大陆的《南方周末》，也曾定期撰稿。因此，虽然不是文学科班出身，也绝对不是文艺青年，但我执笔为文的经验超过二十年，而且稍有成果。既然如此，我就不揣浅陋，记下写好文章的一得之愚。

首先，最重要的观念：文章是为读者而写。为自己写的是日记，其余无论是学校里的作文、机关公司里的文案计划，或是报章杂志书刊里的各类文稿，都是为读文章的人而写。

因此，在构思和落笔时，必须以读文章的人为基础，包括对方的知识经验、好恶、注意力等等。无论在内容、遣词用字、叙述、论述方式上，都要考虑到读者的接受能力。

然后，在读者现有的基础之上，作者的文章能添增一些新的材料。在学术领域里，常用的字眼是"增值"（value added）——你这篇论文的内容，为现有文献添增了多少的价值。副刊里的许多文章，都是处理前人已经多次处理的问题或情境，以及爱恨情仇等等。一篇文章能够露脸，一定是和前面类似的作品相比，至少有一点新意。同样的，能在民意论坛里刊出的文稿，一定是这篇投书比其他类似的投书多了一些成分。

因此，构思文章时，有两个步骤：第一，在这个主题上，读者们的理解或感受程度为何？第二，自己要增添的元素，又是如何？事实上，问自己这两个问题，有助于掌握文章的主旨。无论文章长短，作者必须能以一两句话，总结文章的精髓所在。如果自己都不能掌握文章的核心观点，试问读者难道会有兴趣借箸代筹？在信息泛滥的现代社会，要掳获读者的眼球和注意，这点尤其重要。

其次，文章的内容，透过文字来表达。因此，文字的处理，是写文章的另一个关键所在。绝大多数写文章的人，都不是文学专业或科班出身。在文字的素养上，自然无从太过苛求。不过，即使不求文采斐然，文字的运用还是有高下好坏之分。

对我而言，谨守几个简单的原则：句子最好不要太长，而且多用句点。原因很简单，句子长，读者不容易掌握文意，增加阅读成本。两三个逗点之后，最好就画卜句号，重新开始下一句话。如果文义必须连贯，就以分号隔开。就文字本身，引经据典和采用成语，都能使叙述活泼有变化；但是，之乎者也等等虚词，能不用最好不用。平凡直叙的白话文，容易阅读，沟通成本最低。李白的诗能跨越古今，原因之一是文字晓白，老妪能解。

检验文字流畅与否的方式，其实也很简单。文章完成之后，自己从头到尾默念一次。如果能口语般的念完，表示文字像讲话般自然。如果拗口或喘不过气来，甚至无以为继，就表示或者句子太长，或者叙述不平顺。自己念给自己听是一种方式，念给朋友或家人听是另一种方式。重点是，能平顺念完的文章，已经有一定的水平，让读者能不费力地看完。

一言以蔽之，写好文章的基本原则就是：通顺、言之有物。

# 第三部

# 经济学家的社会观察：
# 当多数人都是输家时

在二十一世纪初的当下，科技进展一日千里，消费性产品也快速更新。半年之前出厂的手机计算机，已经过时；十年前的产品，更几乎是绝迹的古董。

同样变化急遽的，是社会的典章制度；即使速度稍缓，一两代之间已经迥然不同。由几代同堂的大家庭，先变为双职的核心家庭；不旋踵，核心家庭又变成单身贵族、丁克族、小狗代替"小犬"等等。时代的巨轮，正缓缓但毫不驻足暂歇地往前滚动。社会的典章制度、人的思想观念（包括安身立命的世界观），都在演化变迁。

第二部里有篇文章，名为"什么是好的理论"。简单地响应，在社会科学里，"好的理论"就是能有效地解释社会现象——以理解之。在第三部里，涉及人类社会的古今，"好的理论"就有了一层额外的意义：好的理论，是能以一贯之的解释社会演化的轨迹，由古到今。

# "半大人"和"二十仔"

社会富裕之后，各种资源充沛，所以有条件让下一代的人延缓成熟的脚步吗？

对于自然科学研究者而言，科技日新月异，可是元素分子的基本结构，千百万年来一直不变。相形之下，社会科学研究的对象（人）却今非昔比；而且，人变化的步调，似乎没有减缓的迹象。

丁克族（DINK）和"成人子女"（adult children）的现象，已经广为人知。丁克族指夫妻都工作，但是选择自己过日子，不要有子女。成人子女是指儿女长大成人之后，还住在父母家里；即使结婚，分居两地，经济上仍依赖父母，情感上也不例外。无论丁克族或成人子女，虽然随处可见，都还不是社会的主流。而且，这两种现象，只涉及生活方式的选择，不涉及生物结构的变化——还是同样的原子分子。然而，"半大人"和"二十仔"的现象，是新生事物，而且涉及

117

人的根本结构。

话说从前，1970 年之前，心理学界一直认为：人成长的过程，分成几个明显的阶段；青春期之后，就是长大成人。而且，随着年龄的成长，由学校毕业，进入职场，再成家养儿育女，是环环相扣的过程。

然而，1970 年开始，心理学家发现"半大人"的个案日渐增加。青春期过后，有些人心智上并没有长大成人；似乎，在青春期和成人这两个阶段之间，多了一个犹豫徘徊的时期。对于这群不大不小的人，心理学家用新的词汇来描述："半大人"（emerging adult），或者称为"二十仔"（20-something）。

行为上，"半大人"在学校时，没有明显的目标；踏出学校后，也不急于找事；常换工作，也常换伴侣。他们把很多的时间和心思，花在自己身上。心理上，"二十仔"通常不愿意作承诺或认定某种价值，他们觉得人生有很多的可能性，值得稍作探索，不急于走进就业、结婚定下来的老套路。有些具体的数字，可以反映"半大人"还有"二十仔"和上一代人的差别：在 20 到 30 岁之间，他们平均换过 7 个工作。1970 年的平均结婚年龄，男 23 岁、女 21 岁；2009 年，男 28 岁、女 26 岁。三分之二的人，有过同居的伴侣。

"半大人"以及"二十仔"的出现，不只是学理上的发现，而且有具体的政策含意。譬如，这群半大不小的年轻人，一旦有适应上的问题，既不适合青春期少年的待遇，也不适合成年人待的机构。他们需要的，可能是一种真正的"中途之家"——在里面待上一段时间，等生理、心理都准备好之后，再重新走入社会。

进一步分析"半大人"和"二十仔"，发现他们心埋和行为上的变化似乎和他们脑部的发育相呼应。科学界过去一直认为，人类脑部的发育，青春期后不久就减缓而后停止。可是，近20年的研究却发现，脑部的发育到25岁左右才减慢。而且，最后发展的区域集中在脑前叶皮层（prefrontal cortex）和小脑（cerebellum），负责情绪控制和抽象的认知。似乎，人类的演化轨迹，使心理、行为变化和生理结构的发展，终于能并驾齐驱。对于这种鬼斧神工般的转折，如果达尔文在世，不知道会不会兴奋或讶异！

对于社会科学研究者而言，"半大人"和"二十仔"的现象有诸多启示。首先，人的意义，显然是不断被重新界定和充填。其次，一个成年人所享受的权利和该承担的义务，当然也要随之变化。最引人深思的，是造成"半大人"和"二十仔"出现的原因：社会富裕之后，各种资源充沛，所以有条件让下一代的人延缓成熟的脚步吗？

还好，和丁克族及成人子女一样，"半大人"和"二十仔"目前还只是少数，而不是主流；而且，目前延缓的时光，也只有5年左右而已。可是，如果他们变成社会的主流，人人如此，或者延缓成熟的时间拉长，社会将变成什么模样呢？

# 重新界定"成年人"的涵义

长不大的孩子，过去一向是形容词，今后可能成为名词。

英文里有个单词，直译为"追救护车的人"（ambulance chaser），是指各式意外事件发生后，救护车赶到不久，就有一些人（特别是律师）闻腥而至，希望能招揽生意、从中获利。当然，见猎心喜的"追车族"，也可能包括名嘴和专栏作家。

这篇文章就是要讨论一个意外事件，也许会令人有我也作了一次"追车族"的联想，所以这篇文章真正的用意值得澄清：我希望从损失三条人命的不幸事件里，萃取出一些社会教育的意义。这件命案本身受到媒体广泛的报道，事实已经广为人知：到日本留学的两名女孩，在宿舍里被人用利刃刺死。警方调查后，发出通缉。在某个演唱会现场发现嫌犯，警方确认身份而后带回侦讯；然而，在下车时，嫌犯却抽出预藏的利刃，割颈自刎而死。

由旁观的角度看，就事论事，三个年轻人失去生命，除了刑事部分之外，至少涉及两个民事官司：一个相对简单；一个要麻烦一些，但是有较深的教育、法学意义。

比较简单的民事官司，是嫌犯的家属可以告日本警方"过失致死"。试想，嫌犯背负两条人命，而且行凶手法凶狠，发布全国通缉，除了反映涉及事情重大，也透露凶嫌有潜在危险。一旦由警方掌控，当然要严格搜身、去除随身物品。然而，警方面对嫌犯，标准作业程序竟然没有落实。嫌犯在警方处置的过程中自杀身亡，警方当然脱不了疏忽的过失责任。因此，嫌犯的家属，有充分的理由提起诉讼，要求日本警方民事赔偿。

比较困难的官司，是两位女孩的家属，当然是间接受害，可以向嫌犯要求民事赔偿。可是，两点因素引发困扰：嫌犯已经自裁，而且嫌犯已经30岁，早已是成年人。关键所在是第二点：虽然嫌犯已经是成年人，可是对于嫌犯的父母，受害人家属可不可以要求赔偿？对于未成年人的行为，家长要负连带责任；嫌犯早已成年，父母难道还要负责吗？

就法律的条文而言，责任很清楚，成年人自己负责。然而，略过条文本身，值得追究当初的立法旨意，探究时空条件的变化，当初的旨意是不是有了新的解读？中外文明社会里，往往以特定的条件来界定"成年人"。消极的意义是，非成年人无须承担某些负荷，譬如纳税、服兵役等等；积极的意义，是成年之后可以享受成家立业、选举、服公职等等权利。未成年之前，受到呵护，由其他人承担责任的重量；成年之后，盈亏自负。

然而，随着社会的进展，这些简单自明的理念，却逐渐变得模糊。在成熟稳定的社会里，核心家庭是主流；少子化的趋势下，孩子们成人之后，许多父母也不愿意就此放手。因此，主动被动的，雕塑出和成年子女不可（不愿意）割舍的关系；即使不住在一起，物质和精神上，都持续呵护挹注已成年的子女。相对的，子女们也乐得轻松，当永远长不大的公主王子。

在表面的条件上，子女们已经（超过）20 岁，可是没有自己的职业，食衣住行都仰赖父母。父母和子女之间，形成一种你情我愿、愿打愿挨、彼此依赖吸噬、寄生虫般的关系。这种情形下，子女最多只是一部分成年，心智能力上其实还处在未成年的状态。既然没出事时，父母享受被依赖、被需要的感觉；出了事，对于这些成年子女的作为，似乎也该负连带责任。因此，这个潜在的官司，法学上也许有着里程碑的地位——对于"成年人"的认定，除了年龄这个形式要件，也要考虑其他实质上的状态。

这起不幸事件在法学上的意义，一言以蔽之：长不大的孩子，过去一向是形容词，今后可能成为名词。

# 可以聚众换偶吗

开放稳定的多元社会，足以负荷各种小众文化。

面对某大学教授"聚众换偶"而惹上官司的法官，想必懊恼头疼，为什么时运如此不济，碰上如此棘手的麻烦。然而，这也是难得的机缘，可以立下重要的里程碑。

官司的背景，其实并不复杂：南京某大学一位副教授，单身男性，透过网络号召同好，以夫妻为单位，到他的公寓里交换配偶、做爱做的事。事发之后，他以"聚众淫乱"的罪名被提起公诉。

诸多问题值得斟酌：被告有罪吗？如果发生在台湾或香港，判决结果会不会有所出入？如果目前有罪，将来会不会除罪化呢？无论答案如何，比较重要的其实是思考分析、推论判定的过程。由（法律）经济学的角度着眼，会说出什么样的故事呢？

对于法律问题，经济学者常援用的概念是"外部性"（externality）——一个人的行为，对其他人造成的影响。负面的、大的外部性，就值得受到法律（特别是刑法）的惩戒。例如，过去婚外情以刑法规范，现在则由民法来处理，原因很简单：过去农业社会，人口流动低，人际网络紧密，对当

123

事人双方的家庭亲友，婚外情都会带来很大的冲击；负的外部性很严重，所以用刑法处理。现代都会区里，人口流动性大，邻居之间少有往来，婚外情带来的冲击变小；杀鸡无须用牛刀，因此以民法处理就可以。

除了外部性，另一个重要的分析概念是"参考坐标"（benchmark）：眼前事项的意义、是非对错，最好以一些类似的案例为对照；就近取譬，有助于认知和拿捏。

运用外部性和参考坐标这两个概念，可以娓娓道来聚众换偶的曲直。首先，时下有些年轻人，多半是未婚男女，会聚众开派对，饮酒作乐之后，往往配上摇头丸或大麻，然后性爱狂欢。对于这种派对，警方临检时会取缔摇头丸和大麻，但是对于性的部分并不处理。

其次，在"贝克和波斯纳的博客"（Becker-Posner Blog）里，这两位美国著名学者曾经发文表示：随着社会的进展和人际关系的蜕变，性（sex）已经褪去千百年来复杂多重的意义；现在，至少在某些地区，至少对某些人，性只是一种娱乐性活动（recreational activity）。再其次，越来越多的银发族，一起吃喝玩乐，共度快乐时光。这些"老伴"们之间，可能没有肉体上的接触，但是在生活起居、心灵情感方面的交流互动，可能都超过彼此原先的伴侣。

最后，南京参与换偶同乐的夫妻们，都是自愿的，不是在光天化日之下，而是在某个人的城堡（家）里隐秘从事。因此，如果婚前可以开派对，为何婚后不行？如果性只是一种娱乐性行为，夫妻们一起打打麻将有何不可？

当然，即使法律允许夫妻间换偶，对于一个社会而言，也只有极少数的夫妻（最多百分之三至五？），会选择以这种方式过日子。情趣用品、成人光盘，早就唾手可得，可是买情趣用品和看 A 片的人，也还是社会中的少数。开放稳定的多元社会，足以负荷各种小众文化；地球照常运转，太阳明天还是从东方升起。

不过，即使聚众换偶不受法律惩戒，并不表示当事人可以高枕无忧。针对这位副教授，南京某大学值得考虑，以有损校誉加以处分或解聘。同一栋公寓的其他住户，也可以对他和参加换偶的人提出民事诉讼——因为他们的行为，使整栋公寓蒙羞；房屋贬值（负的外部性），当然可以提出侵权之诉。

对于审案的法官而言，这件官司可能是生命里一个重要的判决；对于人类社会而言，这件官司将只是社会演化过程中的一个标点符号而已。


## "驼兽纪"

存在不一定合理，存在一定有原因。与其臧否好坏，不如试着了解来龙去脉。


几年前在课堂上，初次听同学提到"驼兽"和"杂鱼"

这两个名词。驼兽是重点，但是杂鱼的故事比较简单直接，可以当背景。

法律系有一位学生，眉清目秀，个性开朗。他有个比他小两岁的妹妹，平时不太理他；可是，有繁杂事要帮忙时，就透过计算机 MSN 要他过去处理。一旦事过境迁，她又把 MSN 关掉，和他不通讯息。有一天他帮她修计算机，赫然发现，妹妹把自己这个哥哥命名为"杂鱼"——渔网拉上船后，除了大鱼，那些食之无味弃之可惜的闲杂鱼等。

顾名思义，"驼兽"就是驼负重物的兽类。负重，表示体力的付出；兽类，表示与人不同。两者结合，意义很清楚："驼兽"发挥了某种功能，但是地位并不特别高。

具体而言，有些年轻漂亮的女生，爱慕者众，粉丝不计其数。可是，众星拱月，只有一位得到青睐，其他的男生不死心，甘心当备胎，以及备胎的备胎。因此，当公主需要人手帮忙时，打个招呼服务就来。譬如，当公主盛装赴约，需要有人接送，不是男主角的男生们，就乐得为自己的公主服务。开车的司机清楚知道，自己不是男主角，只是供公主差遣的工具，还是心甘情愿，招之即来，挥之即去。唯一的回报，是公主下车时，回眸一笑、贝齿轻露的说声："谢谢你!"

这就是"驼兽"，有苦劳没有功劳，男主角不是我，可是甘之如饴。因为，既然女主角是众人心目中的公主，能被公主垂青差遣已是荣幸万分；毕竟，众"驼兽"之间还有排名一、二、三、四号不等，而且未必像排班的出租车，早晚轮得到自己。

对于这种现象，也许有些人会摇头叹息：今非昔比，人心不古。然而，随着社会的发展（不用"进展"两字，避免价值判断），人际关系自然而然发生变化。存在不一定合理，存在一定有原因。与其臧否好坏，不如试着了解来龙去脉。

几种人际关系的发展，引人注意。大陆东莞地区有许多工厂，女工很多而男工很少，因为女工的工资较低、管理较容易等等。然而，成年男女有生理需求，在粥少僧多之下，就形成"一夫多妻"的现象。好几位女生，同时和一位男生维持伴侣关系；而且，女生们彼此都知道对方存在，却相安无事。

比较不耀眼，但是逐渐增多，而且不限于东莞、大陆或台湾香港的，是"功能性伴侣"（functional partners）的现象：成年男女，达到法定婚姻年龄，有很多不同的朋友。读书，有一群读书的朋友；旅游休闲，有另一群朋友；工作事业，又是另外一群。不同的组合里，可能有一两位知己，亲密的程度可能不亚于夫妻。然而，生活里同时维持很多伴侣，充分的享受专业化和分工的好处，却不结婚。

无论是"驼兽"、一夫多妻或功能性伴侣，都反映了人际关系、特别是男女伴侣关系的变化。由不带情绪的旁观者角度来看，这些变化至少有两种含意。首先，人的自由度比以前增大许多，以前是一夫一妻，衣食住行和婚丧喜庆都是成对出入，别无选择；现在，不同的活动可以和不同的伙伴进出。其次，和过去相比，在情怀上有机会尝试和体验更精致细微的起伏——能当好"驼兽"，EQ 显然提升了好几个刻度。

想一想，侏罗纪的情节，只有生物学家有兴趣；相形之下，"驼兽纪"的曲折，对所有的社会科学家而言，都是兴味盎然。


## 裁其跅弛[①]，百年树人

处理"非学生"身份的行为，或许要更周全地考虑"学生"的身份！

"十年树木，百年树人"，表示种树容易，育人难；因此，教育不是容易的事，要发挥教育的效果更不容易。

2010 年 12 月 24 日，台大历史研究所博士生萧明礼在开车时，紧急刹车阻挡救护车，还比出中指挑衅，造成救护车有所延误，车上病患余姓妇人不治死亡。此外，因为救护车几度紧急刹车，随车医护人员跌撞成伤。

2011 年 1 月 10 日，台大公布惩处：依据"国立台湾大学学生个人奖惩办法"第十条（勒令退学）和第十二条（考虑情节），萧明礼被记两大过两小过，留校察看。而且，附带决

---

[①] 读作 tuò chí，指放荡不循规矩。

议，萧应接受心理辅导，并且不得在校内开车。对于这个惩戒结果，仅提出一些看法，希望由这件事中，能多萃取出一些意义，多发挥社会教育的功能。

如果萧明礼不是学生，问题相对单纯。阻挡救护车，根据台湾的"道路交通管理处罚条例"第四十五条（不避让消防车、救护车）和第四十三条（危险驾驶），罚锾分别是新台币1800元和新台币2.4万元以下。造成延误送医致死，要由医生判断。萧明礼宣称有精神功能障碍症，也可以由医生诊断。

问题不单纯，就在于萧明礼是（台大）学生。关于学生，有两点值得斟酌。首先，随着年龄的增长，"学生"这个身份的重要性逐渐降低。对中小学生而言，学生是主要的身份；对于大学生、硕博士生而言，其他身份的比重增加。其次，对学校来说，学生其他身份的行为，可能带来荣誉（得小说大奖、星光、超偶冠军等等），也可能带来非难（虐猫虐狗、弑父辱母等等）。这些凭空出现、天外飞来的毁誉，带给学校暴利（windfall gains）和暴损（windfall losses）。无论好坏毁誉如何，学校都是概括承受。学校对于学生的奖惩，主要还是以"学生身份"的行为为主。

"国立台湾大学学生个人奖惩办法"第十条的勒令退学原因，包括殴打师长、考试作弊情节严重、违反学术伦理等等。都是针对"学生身份"的行为。第六款"其他触犯刑事法律之行为，经法院有罪判决确定或学校查证属实"，也是指以学生身份从事的行为。萧明礼紧急刹车和举中指，是一般成年人、驾驶人的举止，和他的学生身份无关。

退一步来看，如果扩充解释，学生校外、非学生身份的行为，也受校规约束；那么，就法论法，他违反的是"道路交通管理处罚条例"，不是刑事法律。造成救护车随车人员受伤，是民事纠纷；是否导致余姓妇人不治死亡，需要更精细的医学认定。而且，根据"国立台湾大学学生个人奖惩办法"，惩处时"得建议行为人接受心理辅导或精神治疗"。然而，"禁止在校内开车"的这项附带决议，更是加倍的于法无据；除了有点黑色幽默之外，仅有的效果，是羞辱当事人而已。

萧明礼的学生身份，还值得在另外一个层次上考虑。台湾"清华大学"刘炯朗校长的做法，可以作一个对照。他刚接任校长一个月，就发生校园命案：研究生洪晓慧杀害情敌许嘉真，社会哗然。案发后不久，刘校长到新竹看守所探视洪晓慧；他说："你是'清大'的学生。无论如何，你都是'清大'的学生。"这句话，当然很不讨好，当时备受争议。而后，每次过年前，他都会北上去看许嘉真的父母。卸任的前一天，刘校长专程飞到高雄，去女子监狱看正在服刑的洪晓慧。

对社会而言，萧明礼目标明确（an easy target），是过街老鼠；就台大而言，处理他"非学生"身份的行为，或许要更周全地考虑他"学生"的身份！

130

# 一个拉拉队员之死

当同侪群体放弃警戒和防线时，自己要守住自己的底线。

由五楼教室的窗户往下看，事故的现场分外凄凉。

天上飘着斜斜的细雨，空荡无人的篮球场一角，临时摆置的圆桌附近，有好几束素雅的白菊和水仙。几天前，就在这个地点，拉拉队演练时，一个年轻的生命，天真无邪的被抛上天空，却重重落下，后脑直接撞击水泥地，在急诊室里两天不到，花样年华少女的生命，画下急邃的句点。

不幸事件发生后，是棘手的善后问题，如何赔偿善后，当然涉及整起事件的责任。由旁观者的角度，界定责任其实并不困难。首当其冲是指导教练，演练危险的抛接动作时，竟然没有铺设防护软垫——在篮球场旁 10 公尺外，就是空旷的操场，全部用硅胶铺成，即使没有铺软垫，结果也会是天壤（生死）之别。虽然指导教练不是学校的体育老师，是由资工系的学生自己短期聘任，虽然表演也不一定要有抛接动作，然而，如果不是校庆设有拉拉队表演赛，如果不是学校规定，各系都要参加竞赛，这位教练不会出现在校园里。因此，根据"若非"原则（the but-for criterion），在因果关系

131

上，学校有某种程度的连带责任，几乎毫无疑义。不过，除了教练和学校，还有一个潜在的关系人——医疗院所。

意外发生后，女学生先后被送到两家医院；到达医院时昏迷，后来曾经苏醒、恢复意识、正常应答。然而，后脑由高空直接落地、撞击硬邦邦的水泥地，脑部很可能受损，而且症状可能会延后出现。如果当时没有做相关检查，如脑部断层扫描，等于是错过了最后的救命机会。在法律上，错失了最后明显的机会（the last clear chance doctrine），也要承担起过失的责任。如果确实如此，那么教练、学校和医疗院所都有责任。至于在教练、学校和医疗院所之间，责任如何划分，可能要由诉讼来决定。一旦诉诸官司，魔鬼藏在细节里，是非轻重变得微妙难明。

然而，善后除了民事赔偿，还有刑事责任的问题。学校和医疗院所是法人，不涉及刑责；和刑责有关的，就是教练（一定）和主治医师（可能）。两人所涉及的，都是业务过失致死。因为没有遵守标准作业程序，可以避免的意外发生了；因为没有遵守标准作业程序，可以避免恶化的情境随后出现了。如果希望发挥警示效果，就值得加重惩处——尊重标准作业程序，就是保护别人和自己。

除了法律上的曲折，由这起不幸事件还能得到什么启示呢？特别是对于年轻人，更是和他们的生活经验相关。

对于年轻人而言，参加拉拉队、演练抛接的经验，可能只是百分之一不到的少数。然而，拉拉队活动的情境，却几乎是每个人都会经历：几个朋友，无论师长在不在场，一起从事有潜在危险的事：飙车、喝酒、跳水、恶作剧等等，不一而足。在这些情境里，因为人多，所以形成同侪压力。每个人的责任感降低，也往往会屈服于别人的期望。因此，平时不会做、不愿意做、不敢做的事，人多的情形下半推半就，结果发生意外或不幸。

如果处在类似的情境时，就要提醒自己：当同侪群体放弃警戒和防线时，自己要守住自己的底线。虽然不容易做到，却是避免小错变灾难、好事变坏事的守则。当教练要拉拉队在水泥地上练习，而没有铺设防护软垫，特别是要从平常的高度再往上增加时，只要队员之一提醒或反对，乃至于退出不练；只要在前后两个时点，有一个人守住自己的底线，就可以避免这次的意外。这时候，成为大伙儿眼里的"白目"或"害群之马"，其实是对自己好，对别人也好。

篮球场上的鲜花，几天之后将会被移走；年轻女孩早逝的意外，一段时间之后也会逐渐被淡忘；标准作业程序的教训，早晚会被社会大众所接纳。至于守住自己底线的体会呢，恐怕将是恒久考验里的一环吧！

# 艾滋器官的价值

现代文明社会里，尊重标准作业程序，就是保障别人和自己。

因为一连串的误失，台大医院使得艾滋病患的器官，移植到五位病患的身上。意外事件发生之后，当然有诸多问题要处理，最重要的问题之一，是对于接受器官的病患和家属，如何弥补和赔偿？

如果在法庭相见，官司胜负其实非常清楚：台大医院没有遵守标准作业程序，未确定器官没有受感染便动手术。因此，接受器官移植的病人或其家属的权利，受到严重侵害。家属所受的心理煎熬、病患日后的医疗问题等等，暂且不考虑。针对病患本身，被移植艾滋器官，该获得多少金额的赔偿？

关于侵权和契约的赔偿，有两个常用的参考坐标：恢复原状和履行契约。汽车坏了送修，不但没修好，还损坏其他零件；恢复原状，就是解除契约。如果修缮过后，跟原先承诺的有差距，两者差别所隐含的损失，就是该赔偿的金额。

乍看之下，在艾滋器官移植的案件里，这两个参考坐标都不适用。恢复原状，是把已经移植的器官移除，回到原先等待移植的状态；履行契约，是移植协议原先的默契：移植后，病患和其他类似换肾、换肝、换心等一样，经历正常的复健和风险。然而，带有艾滋病原的器官，即使移除或再移植健康的器官，病患（几乎确定）已经感染，生命的性质大不相同。两个参考坐标，都是可望而不可即。

　　然而，仔细思索，也未必如此。具体而言，站在目前这个时点上，不妨问一个假设性的问题："如果"在手术之前，就知道移植的器官带有艾滋病原，那么病患的选择会是如何？是不接受移植，继续待在等候名单上，希望下一个捐赠者（不知何时）出现？或者，即使知道是艾滋器官，手术之后将感染艾滋，生活质量将下降，生命也可能在几年后结束；然而，有缺憾的生命尽管差强人意，但是至少能离开病床，回到生命原先的轨迹上。

　　这两个选项有点残酷，却可以让问题更直接真实。对于不同的人，在这两者之间，显然有不同的取舍。比较年轻、比较容易得到器官、潜在捐赠者较多、比较执著的病患，可能倾向于继续等候。相对的，年纪较大、身体状况已经走下坡、不容易得到捐赠器官的，可能倾向于后者——两害相权，取其轻。与其继续等候，不如移植艾滋器官，享受有缺陷、但来日无多的生命。

　　由此可见，在接受器官移植的病患里，以病患本身的条件和特质，大致上区分出两种类型。对于这两种类型，在赔偿金额的计算上，可以有不同的取舍。事实上，在极端的情形下，病患可能不要求任何赔偿——器官移植之后，能享受一段正常的生活；而在艾滋病原发威之前，因为其他器官衰竭，生命已经画下美好的句点。

然而，无论援用哪一个参考坐标，对于这些病患的金钱赔偿，最好有这一项——惩罚性赔偿（punitive damages）：对于故意或重大过失造成的伤害，针对的不是受害人，而是加害人。在一个个人年收入近 2 万美元的发达地区，在一个居于业界龙头地位、享有国际声誉的医疗机构里，竟然会出现如此的"低级错误"。对台大医院祭出惩罚性赔偿（譬如，每位病患一亿新台币，也就是江国庆①被误杀后，台湾政府赔偿的金额），不只是处罚台大医院、台湾大学、纳税义务人，更重要的是警惕世人：现代文明社会里，尊重标准作业程序，就是保障别人和自己。

抽象来看，惩罚性赔偿有多严峻，艾滋器官的价值就可以有多高！

---

① 江国庆，台湾台北县永和市人，于 1995 年入伍台湾空军。1996 年其所在营区内发生 5 岁女童奸杀案，江国庆疑似被非法手段取供，进而遭"军事法院"判处死刑，并于 1997 年 8 月 13 日执行枪决，得年 21 岁。2011 年真凶落网，江国庆案被证是冤案。

# 关键时刻的优雅"很贵"

生死一瞬，优雅变得太贵时，就消失不见了。

东西便宜就多买些，贵了就少买一些。这是妇孺皆知的常识，经济学里名为"需求法则"。这个无甚高论的概念，不仅放诸四海而皆准，即使在生死攸关的时刻，依然成立。

"泰坦尼克号"（Titanic）下水时，号称世界最豪华的邮轮，沉没不了。1912 年 4 月 10 日处女航，由英国南开普敦驶向纽约；14 日深夜撞上冰山，2 个小时 40 分钟之后沉入海底。船上 2207 名旅客和服务人员，有 706 人获救，其余全葬身大海。一个世纪以来，泰坦尼克号所引发的小说、戏曲、电影、诗歌，不可胜数。泰坦尼克沉没事件事发三年后，在爱尔兰外海，"路西塔尼亚号"（Lusitania）邮轮被德国潜艇的鱼雷直接命中，18 分钟后沉入汪洋。船上 1959 名人员里，有 646 获救，1313 人丧生，也是航运史上最惨重的船难之一。

两次海难都令人惊心动魄，虽然在知名度上两者相去很多；对于经济学者而言，又是可以比较分析的题材。两艘巨轮沉没的时间长短不同，可是逃生获救的比例却相去不远：泰坦尼克号，32%；路西塔尼亚号，32.6%。然而，仔细深究，获救人员的结构却迥然不同。在两艘客轮里，都分成头

137

等舱、二等舱和经济舱。那么，不同舱别的旅客和妇孺之间，挤上逃生艇而存活的比例，有没有明显的差别呢？

泰坦尼克号上，头、二、三等舱的旅客，生存率分别是61.7%、40.4%、25.3%；男性和女性的生存率，分别是20.6%、72%；相形之下，路西塔尼亚号上，头、二、三等舱的旅客，生存率分别是19.3%、29.5%、32.5%；男性和女性的生存率，分别是34.3%、28%。

由这些数字里可以看出，最明显的差别有两点：第一，泰坦尼克号的旅客，舱别越高存活率越高；路西塔尼亚号的旅客，舱别和存活率没有特别明显的关联，甚至有点反向相关。第二，妇孺存活的比率，泰坦尼克号远高于路西塔尼亚号。最直接的解释，是两艘船下沉的时间不同。泰坦尼克号的旅客们，可以相对从容的让妇孺先上救生艇；路西塔尼亚号的旅客们，比较像戏院失火时的观众，大家夺门而出，不分年龄性别身份。一言以蔽之，时间充裕时，即使是面对生离死别，社会规范礼教还是有发挥的空间；相对的，生死一瞬，优雅变得太贵时，就消失不见了。因此，人们在大难临头时的行为，也可以由经济分析来解释。

以上这些生动有趣的内容，发表在2011年第1期的《经济学展望杂志》（*Journal of Economic Perspectives*）。作者有三位，由著名的瑞士经济学者布鲁诺·弗瑞（Bruno Frey）领衔。然而，2011年第3期里，刊出了编辑致弗瑞的信，质疑他把几乎相同的文稿，投到四个不同领域的期刊。因为内容有趣，所以差不多同时刊载。这是严重违反学术伦理的作为，他要求作者解释。弗瑞的回信，也同时刊出；他坦承错误，一肩扛起责任。虽然没有提出解释，但是保证以后绝不会再有类似行为。

在国际经济学界，弗瑞是响当当的人物，发表过许多叫好又叫座的论文；和兄弟瑞尼·弗瑞（Rene Frey）是著名学术刊物的共同主编，在欧洲经济学界可以说是呼风唤雨的人物。"一稿多投、同时刊载"的事发生之后，一世英名即使不是毁于一旦，也要大打折扣。

可是，为什么呢？他早已功成名就，不需要靠论文晋级争取经费或争排名；在学界里，他应该树立典范，引领风骚，而不是犯下这种少见的低级错误。他有充分的时间取舍，却在可以优雅的关键时刻，留下十分不堪的身影，为什么？他的作为，似乎令经济分析词穷。

泰坦尼克号和路西塔尼亚号，都有许多受害者；但是，同时是这两艘船的受害者，弗瑞倒是第一位。


## 仅靠道德无法建立可长可久之道

社会的正常运作，是立基于屠夫、酒商、书店、老师等等的自利心，而不是诉诸他们的道德情怀。

经济学者不讨人喜欢，理由罄竹难书：经济预测不准、乌鸦嘴、言语无味；很多经济学者的外号是"马汀"——因为澳洲有个催眠大师叫马汀！然而，说话不讨人喜欢，未必是坏事。良药往往苦口，忠言通常逆耳；经济学者的提醒，有时也值得驻足聆听。

多年前，我接到一封邀稿的信，来信的这位编辑，负责台湾政府部门的一份刊物，业内颇有好评。虽然这份刊物以自然科学为主，他希望能增添一些社会科学的内容。另外言明稿酬微薄，但他仍希望我能写篇五千字的稿子，介绍刚出炉的诺贝尔奖得主。

虽然他言辞恳切，虽然这位得主我也稍知一二，可是我心里有点不快，甚至有种被冒犯的感觉。对这位编辑而言，编刊物是他的工作；对我而言，5000 字的文章，不在我的写作计划之内。为什么我要委屈自己？但不从命似乎就是没有社会责任感。

信件往返两三次之后，我还是婉拒了邀约，但是没有说明自己心里的感受。没想到，多年之后，另一次邀约，又激起了我类似的情怀。

台湾主要的连锁书店之一，推出一个很好的企划案：开学在即，他们将在门市辟出专柜，陈列物理、文学、社会科学等书籍，由大学老师推荐，希望新鲜人在踏进校门时，就能接触一些精彩好书。推荐者除了列出十数本书名，还要写几句话给新生，再简明介绍自己。承这家书店错爱，请我参与推荐；先是以电子信件邀约，然后是电话联系。我先推崇这是个很有创意的企划，然后问：对于参与推荐的老师们，书店有没有一点礼遇，例如送些图书礼券之类？

电话那一头的企划小姐似乎有点惊讶，回说没有，然后表示将请示公司之后再回复。我提醒她，现代专业社会，做事情有一定的模式，请老师们做一堆事，然后只是"谢谢"两个字，不是很奇怪吗？很快的，书店来信表示：谢谢我的意见，希望下次有机会再邀请我参与。显然，我的机会教育，没有发挥作用。不过，前后两件事放在一起，我觉得刚好可以记下，作为经济学的教材。

对书店而言，它是一个营利单位，有了好的企划案，可以叫好又叫座，享受利润，是天经地义。对于参与推荐的老师而言，要花心思想书单，还要为同学想几句得体的话，心理上稍有成就感，因为做了件有意义的事；除此之外，也许稍稍提高知名度——通常不会，因为受邀者多半已有一定的知名度。

因此，旁观者来看，这是一种很不平衡的组合：一边是书店，营利单位，有实质收益；一边是老师，有心理上的满足，付出是基于社会责任或道德劝说。长远来看，这种安排不会是一种可长可久的组合。以小见大，双方都能享受实际利益的安排，才经得起时间的考验，也才可能是社会运作的常轨。

1776 年出版的《国富论》里，最常被引用的一段话是："我们能享有晚餐，不是来自于屠夫、酒商、或做面包者仁慈利他的善心，而是诉诸于他们谋取自利的私心。"用白话文来说，就是：社会的正常运作，是立基于屠夫、酒商、书店、老师等等的自利心，而不是诉诸他们的道德情怀。

那么，关于道德情怀、慈悲心和慈善事业的空间，又是如何呢？当然，那是另一个问题了。

## 谁该承担歧视的重担

在个人层次上，差别待遇（歧视）是常态；在社会层次上，以法令排斥、消弭歧视，是社会进步的轨迹。

《龙的传人》里有这么一段歌词："黑眼睛黑头发黄皮肤，永永远远是龙的传人。"这首歌的曲调优美，歌词隽永，曾经风靡一时。然而，在真实世界里，当"黄皮肤"成为问题时，怎么办？

这起纠纷的情节，直截了当：台湾有许多美（双）语幼儿园、补习班，也雇用了很多"外国人"教英语。一般而言，英国、美国、澳大利亚地区的人士，英语发音不同；更精细的划分，是英美澳国不同的区域，英语口音也有差别。然而，对于学童和家长而言，这些微小的差别并不重要。重要的是，除了会讲英文，在外观上他们必须像个"老外"——金发、蓝眼、白皮肤；或者，至少是个白人。

一位黑眼黑发黄皮肤的华裔美籍人士，应征双语幼儿园教职，其他条件一应俱全，唯一的瑕疵是他皮肤的颜色不对。幼儿园诚实告诉他，学童和家长期望任教的老师是"外国人"，所以无法聘任。他自觉委屈，而且认为对方违反台湾的"就业服务法"，有歧视之嫌，因此一状告上相关单位。在二十一世纪的台湾，这个社会事件意义如何？法院面对这个纠纷，要怎么判才不至于有"恐龙法官"或"外星人法官"之讥呢？

对雇人单位而言，当然有相当的委屈。市场激烈竞争之下，生存是首要考虑。如果老师是黄皮肤（不是外国人），家长和学生接受度不高，自然不愿意上门。因此，即使观念上有歧视、理亏之嫌，现实考虑不是理念人权之争，而是存亡所系。而且，追根究底是不愿意掏荷包付钱的家长和学生，也就是社会大众，该承担歧视责任的是他们，而不是小小的双语幼儿园。更进一步，歧视的本质，其实就是差别待遇。扪心自问，对于生活里、工作上的人事物，哪一个人不是兵来将挡、水来土掩，依个人好恶，顺势而为。对于顺眼的俊男美女，多看两眼；对于故旧亲朋，软语和颜。差别待遇是常态，有谁对别人是彻头彻尾"一视同仁"呢？

因此，这就衬托出问题的关键，也就是矛盾所在：在个人层次上，差别待遇（歧视）是常态；在社会层次上，以法令排斥、消弭歧视，是社会进步的轨迹。在私领域和公领域里，采取不同游戏规则。一旦两者有冲突，社会所揭橥①和追

① 读作 jiē zhū，指揭示。

143

求的价值，当然值得肯定。可是，对个人而言，施与受双方，到底要承担多少的责任呢？

两点考虑，也许值得作为参考坐标：对于台湾的原住民和弱势群体，台湾政府机关有法定责任要晋用；但是，只限于超过一定规模（50 人）的单位。承担社会责任，要考虑负荷能力。其次，航空公司招考空服员，可以对身高等作严格的要求；身高不足，不能帮乘客安置行李和有效应变，有碍飞行安全。因此，针对双语幼儿园的个案，在各种考虑之下，也许可以找到不完善、但可以三赢的处置：黄皮肤的外国人受了委屈，当然值得维护他的权益；至于补救赔偿部分，他大概不会希望真的上任，在不友善的环境里工作。幼儿园该补偿，但是数额最好是形式重于实质；否则，负荷过重，有一点像是被天外飞来的陨石打中。这么一来，法的精神也得到维护，判决产生宣示效果，社会也往前移动了一小步。

黑眼黑发黄皮肤的个案，还算单纯。如果哪位老师（无论老外与否）决定变性，手术后第二天走进教室，吓坏了小朋友。幼儿园因此而解聘这位老师，有没有违反台湾的"就业服务法"呢？有没有性别歧视之嫌？

# 市场经济启示录

市场改变了人们的生活，更彻底影响了人们的思考模式。

我到中国大陆去的次数不多，在有限的阅历里，有几件事印象特别深。

第一次到大陆，大约是 1995 年，到上海参加研讨会。晚上闲逛，迷了路，问小店里的年轻人。小伙子二十不到，跷着脚坐在藤椅里看杂志，头也不抬，粗声粗气地回了一句："不知道！"

2009 年在济南，向马路上摆摊的小贩问路。好几次，当我走近时，小贩抬头，脸露笑容，一脸亲切；可是，听到是问路，马上沉下脸来，相应不理。还是在济南，有天早上到麦当劳，早餐来了之后，向服务生要杯水吃药。服务生竟然响应，没有杯子装水！"这样吧，你喝完咖啡，杯子给我，我帮你倒点水。"

当然，回忆匣里装着的，不只是苦涩和不豫。2010 年到湖北荆门，看完博物馆之后，我要到几十公里外的钟祥，去探访被列为世界文明遗产的"明显陵"。在巴士站等车时，有个出租车过来揽客；小伙子穿的 T 恤有点时髦，开的是新车。我问到钟祥一趟多少钱，他要 150 元人民币（客运大巴票价大约20元），我意愿不高，随口回了一个价：120元。没想到他毫不还价，立刻点头；上了车，他回头表示，如果到中途有钟祥的回头车，希望我能同意换车，他保证接手的一定有冷气。

车离开荆门不久，对面路旁停了部出租车，两人手势一比，他把车停下，对面的车子掉头过来。换了车之后，他在车旁笑着对我挥手："大哥，慢走。"我很好奇问接手的司机，他们之间的价码如何？

接手的司机有点老实憨厚，服装和车子都比不上原先的小伙子，他说接手之后开回钟祥，可以得50元。而从荆门车站到碰面换手的地点，车程大概12元。也就是，原先的司机，接了一笔120元的生意，自己做了一小部分，再以50元转给别人完成；150扣掉50元，是70；70元扣掉12元，是58元。十分钟不到，他做成了两笔生意，三方面都高兴，而他自己是最大的赢家。他灵活巧思的结果，就是皆大欢喜，利人更利己。难怪他衣着光鲜，开新车——十余年前上海偶遇的那位年轻人，不知道目前的光景如何？

这些点点滴滴，都是大陆改革开放后的沿路景观。短短的一二十年之内，有如此巨大的转折，确实令人眼界大开。对经济学者而言，当然可以萃取许多知识上饶有兴味的体会：在吃大锅饭的时代（人民公社）里，一般人没有工作意愿；改革开放之后，人的利润动机有强有弱，也就呈现出不同的结果。当然，这是一个漫漫长路，刚开始是明显的向"钱"看——只问路不买东西，不会给好脸色。而且，专业伦理的雕塑，需要时间；举世各地的麦当劳，标准作业程序绝不会是要客人先喝完咖啡、再倒水。

随着经济活动和市场规模日益扩大，不只是赚钱的机会增加；更重要的，是人们的思维观念，会滴水穿石般的蜕变。传统的农业社会里，一般人是依循风俗习惯。市场经济里，不知不觉的，人们会慢慢的以成本效益取舍行为。市场改变了人们的生活，更彻底影响了人们的思考模式。

当人们遵循成本效益思考时，"理性"的程度逐渐增加。而理性程度的提升，除了增添人们自求多福的能力，更扩充了国家社会追求福祉的空间。欧盟的出现，是最好的例子；德英法等国，历史上是不共戴天的世仇，但是经过斟酌，他们捐弃小是小非的计较，形成经济共同体，攫取和实现更为可观、更为巨大的利益。

这一切的一切，可以说都是市场经济带来的启示。


## "坐在金矿上"而不自知

在"中华民族崛起"的趋势里，台湾不仅有一席之地，而且是炙手可热的一席。

随着地球村的日益成形，天涯若比邻。无论是企业或国家，都希望避免在现有的市场里竞争厮杀，血流成河，浮沉在江海里。如果能找到特别的契机（niche），就可以徜徉在蓝海里，享受无际汪洋。

那么，对于台湾而言，在二十一世纪初，有没有这种契机呢？考虑台湾本身的条件：天然资源匮乏，人力资源充沛，社会开放，法治相对健全；再琢磨因缘际会的历史背景，确实有天赐良缘般的机会，即使是稍纵即逝——以台北"故宫"里的收藏为基础，开发现代生活里的各种商品。

两个例子，足以反映潜在的庞大商机。首先，唐宋元明清以来，各朝各代的服饰，各有特色，如果由设计师撷取精神，开发出一系列的服装、鞋靴、配件等等，男女老少，春夏秋冬，不知有多少商品能各领风骚而成为"潮品"。而且，唐宋元明清每年"改朝换代"一次，就可以有五年一循环；更不用说其间的组合变化，可以衍生出更多的发挥空间。

其次，随着所得水平提高，现代社会逐渐讲究生活质量。在室内装潢方面，目前有欧美、日式等风格的设计，各擅胜场。然而，为什么不以唐宋元明清等为准，推出各朝代风格的室内设计呢？而且，画梁雕栋要原汁原味，成本不赀，利用"故宫"里的各式收藏图画等，以现代数字科技合成输出，可以重建各种风格的房间厅堂。单单是室内设计这一区块，就不知还可以发展出多少相关企业，创造出多少就业和产值。服装和室内设计，只是两个例子而已；其他生活器具、衣食住行，都可以依样画葫芦。把台北"故宫"的收藏商品化、现代化，可以发展出一整个产业，每年的产值以十百亿新台币计。

在较高的层次上看，这是开发文化的创意产业，而且是一种文艺复兴（renaissance）。可是，为什么台湾得天独厚，享有比较优势呢？

在华人社会里，新加坡的规模太小，华人文化的比重有限。香港的影艺文化人才，令人赞叹敬重。然而，香港没有"故宫"，地底下挖出来的瓦罐瓷片，不足以形成气候。台湾唯一的"竞争对手"，就是中国大陆。在两方面，大陆确实要胜过台湾：一方面，考古年年有新发现，北京故宫的收藏品日益丰厚，假以时日，将与台北"故宫"并驾齐驱，甚至超过。另一方面，大陆经济快速发展，在人才和经济实力上，规模越来越可观，台湾被大陆超越，不是观念问题，而是时间早晚的问题。

相形之下，台湾的优势是比大陆先行了一步。大陆现在的年人均收入是5000美元，还在挣钱求富的阶段；而台湾经济发展的程度，刚好进入讲究生活质量的阶段。无论在人才、技术、创意等各方面，都有足够的条件，如果能掌握先发的优势，在文化创意产业方面，可望有相当长时间的荣景。

"故宫"的收藏，等于是台湾坐享的金矿。如果能开采得宜，不仅是台湾民众之福，也将是华人文化之福。在"中华民族崛起"的趋势里，台湾不仅有一席之地，而且是炙手可热的一席。当然，开采金矿，要有许可，"故宫"阶段性、有计划的开放授权，产官学的合作等，都很重要。

对于"故宫"这个金矿视若无睹，以台湾的经济条件，不至于是坐拥金矿的穷人，最多是坐拥金矿的"呆胞"。当然，这座金矿不会永远存在，开采与否，只在一念之间！


## 尔爱其羊，就能求羊得羊？

想当然耳、口号式的思维模式，听起来理直气壮、振奋人心，却通常于事无补。


应香港城市大学图书馆邀，作客一周；除了演讲，就是和老朋友们叙旧开讲。几年前，曾两度到城市大学任教。第一次还带了儿子，他当时读小学六年级，两三个月后碰上令人闻之色变的 SARS。一转眼，他已经进大学。人在香港，睹物思情，当然免不了对台湾和香港作一番联想和比较。说来奇怪，好些思绪都和城市大学有关。

2003 年时，龙应台也在城市大学任教。过去看《野火集》，一旦作者在眼前出现，是另外一种感受。她后来的《目送》和《大江大海 1949》等文稿，触动了许多人的心弦。然而，这位笔锋犀利的作家，却不时有惊人之语。她到香港不久，就在公开访谈时表示："香港没有文化。"在早些的文章里，她也曾直言："台北，是世界上最丑的城市！"

我对香港了解有限，不敢轻易置喙；我去过的地方不多，台北是不是"最"丑的城市，也不好臧否。不过，对我而言，有兴味的问题倒是：如果台北确实很丑，在哪些条件下才会慢慢变得比较不丑，甚至是有点漂亮呢？

站在社会科学的立场，对于社会现象会先追求究竟；存在不一定合理，存在一定有原因。市容的美丑好坏，是诸多因素交互运作之后的结果。如果认为市容不佳，（至少）有两种变化的可能：公权力（市政府）强力干预，动用人力、物力来重新雕塑市容。另一种可能，是由下而上，由基层做起。在老旧房子改建或重新装饰时，能注意到外观，能为大局（市容）着想。

无论是哪一种途径，要使台北市变得美观一些，都是漫长的过程，是点点滴滴的变化，长期积累之后，才可能形成比较好的价值。斩钉截铁、黑白分明式的论断，也许满足荷尔蒙的分泌，却未必有济于事。

同样的逻辑，是关于香港和台湾的"廉政公署"。香港廉政公署的由来，广为人知；台湾要成立"廉政公署"，是因为有四位"高等法院"的法官、检察官涉案被收押。马英九直接指示，要台湾的"法务部"成立"廉政公署"。然而，这种转折，有两个问题：一是程序，一是实质。

在许多先进社会里，一旦面临重大事故，会成立专责小组，由权威公正人士组成。经过慎重的调查分析之后，提出建议，再立法、推动。香港廉政公署的成立，就是不折不扣的范例。马英九凭个人直觉，直接判断指示，这种公共政策的决策程序，不是成熟的社会的常轨。

其次，众所周知，"廉政公署"要发挥作用，一定要能独立，而且能得到最高领导的全力支持。香港廉政公署能成功，和当时的港督大有关系——他由英国女王任命，只对女王负责，无须考虑选民、利益集团、错综复杂的党内生态。相形之下，马英九要竞选连任，要透过党务系统直接、间接的利益输送，政策"买票"。对于党内选举的是非恩怨，马英九都要请检察官介入，自己不敢或不愿负起责任、承担成本；因此，当廉政公署处理的人事层级够高时，他能有够硬的肩膀和腰杆吗？以他过去的作为来判断，并不令人乐观。

台北市的市容和台湾的"廉政公署"，看来是不相关的两回事。然而，追根究底，逻辑却是相同——好价值的出现，是有条件的。想当然耳、口号式的思维模式，听起来理直气壮、振奋人心，却通常于事无补，不是吗？


# 请"文明"的善后

台湾已是一个上轨道的现代社会，而航空公司对于超卖的善后方式，不够文明！

生活里总有意外，人际之间免不了有冲突摩擦。在现代社会里，当然希望能以文明的方式来处理和善后。

152

我曾应浙江大学之邀，到杭州去讲授一个密集课程。拜两岸直航之便，由松山机场起飞，只要九十分钟就可以飞抵目的地。起飞时间是早上八点，七点不到我搭捷运到松山，航空公司的柜台却没有半个人影。

几分钟之后才有人出现，请我到贵宾室坐，表示座位已满。我很讶异，机票早已预订，并且确认。后来转念一想，航空公司偶尔超卖，也有道理：预订座位的乘客，总有人因为各种原因，不能上机，因此，稍微超卖，可以避免留空位浪费；对航空公司而言，这是合情合理的做法。

当然，对乘客而言，一旦碰上这种情形，必然造成困扰。接机的人可能扑空，原定的计划必须调整。对于这种不便，航空公司当然要早为之计，而且以客为尊，尽可能做好应变和善后的措施。

除了我，贵宾室里还有另外两位女士，命运相同，她们比我还早到机场。航空公司的郑主任出面，是文质彬彬的一位中年男士，很客气的频频道歉，并且表示，已经透过广播，问将登机的旅客，有没有人愿意让座，公司将提供新台币3000元的补偿。可惜，180位乘客里，没有半个人愿意。

此路不通，他只好对我们下工夫。对于超卖，公司付每位3000元，而且回程升级为商务舱；去程有两种选择，一是改飞上海，再接送到杭州；一是改飞澳门，再转机到杭州。两种方式都要先搭车到桃园，由中正机场起飞。我们屈指一算，无论是飞上海或飞澳门，都要延误5个小时左右，何况要先由台北跑桃园一趟，再到上海或澳门折腾；3000 块的赔偿，实在说不过去。

几经折冲，表情一直很抱歉的郑主任被动加码：去程也升级为商务舱，而且负责接送。既然班机早已起飞，形势比人强，我们只好接受，搭车到桃园飞上海。

飞行途中，我一直在脑海里打转：如果赔三千块不合理，赔多少才合理呢？超卖的补偿标准，是应该以乘客的损失为计算基准，还是以航空公司超卖的获利为计算标准？乘客的损失，个别差异大，而且不容易认定；以航空公司的获利计算，似乎比较容易。想来想去，稍稍化解原来满肚子的不快。后来灵机一动，太阳底下新鲜事不多，超卖的事所在多有，其他国家一定早有标准作业程序。

到浙大之后，上网一查，果不其然。机位超卖（over booking），航空公司要立刻提供书面资料，向乘客说明相关规定，乘客可以免费打两个长途电话。而且，赔偿标准非常明确：美国的国际航线，若延误 4 小时以上，补偿单程票票价的两倍，以美金 800 元（2.5 万新台币左右）为上限。欧盟境内，3 小时以上延误，以里程区分，1500 公里以下航程，补偿250 欧元（1 万新台币左右）；1500 公里到 3500 公里，400 欧元（1.7 万新台币左右）。其他相关的细节，也都一清二楚。

飞杭州的航空公司，如果有相似的做法，我们三人（和类似际遇的其他旅客）可以省下脸红脖子粗的一场混乱，郑主任也不需要一直满脸委屈的左支右绌。

到桃园机场时，航空公司的陪同人员给我们每人 3000 块，同时要在一张表格上签名，放弃以后提出任何其他主张的权利。我没有接受钱，也没有在表格上签名——我认为，台湾已是一个上轨道的现代社会，而航空公司对于超卖的善后方式，不够文明！

## "商品的市场"和"言论的市场"

对厂商而言，无论在商品或是言论的市场里，都值得追逐长远的利益。

《商品的市场和言论的市场》（The Market for Goods and the Market for Ideas），是诺贝尔经济学奖得主科斯在 1974 年发表的经典之作。文章晓白通畅，观念也是一点就明；因为见前人所未见，所以有里程碑的地位。

科斯的论点，卑之无甚高论：在牛奶面包、汽车电视的市场里，商品之间争奇斗艳、各擅胜场。但是，生产这些商品的厂商们，个别来看有各自的利益；合起来看，有集体的利益，是利益集团（interest groups）。相形之下，报纸电视广播，也是彼此争奇斗艳、各擅胜场，而这些产品的生产者，包括学者、出版社、书商、报纸、电视台、广播公司等等，个别来看有各自的利益；合起来看，也有共同的利益，也是利益团体。

因此，关于言论媒体出版等等，过去往往是由言论思想自由的角度着眼；科斯慧眼独具，一针见血的点出两者之间的共同点。他想表达的其实很简单：分析言论思想等活动时，无须戴着神圣庄严的大帽子，平实一些反而比较好！

科斯的一得之愚，当然很有启发性。电视报纸广播等等，也是由供给和需求所组成，经济分析的架构，一样可以用来分析言论市场这个产业。当然，商品市场和言论市场之间，除了相同之处，两者之间的歧异，当然也不能轻忽。

在商品的市场里，生产牛奶面包的厂商，可以跨足其他产业，生产汽车游艇；只要经得起市场的考验，经得起安全卫生等相关法规的检验，谁曰不宜？可是，在言论的市场里，报纸的业者跨足其他领域，开始经营广播或电视时，就不只是内容不得腥膻海盗而已。

牛奶面包汽车游艇等等，消费者直接接触和消费；可是对消费者而言，报纸电视广播所提供的，是二手信息——所以才称为媒体（media）——消费者无从直接验证。而且，一旦跨媒体经营者（cross-media ownership）形成，可能彼此援引吹捧、炒作新闻，报纸的新闻和评论，变成电视的新闻和评论；反之亦然。这种现象，在牛奶面包汽车游艇的市场里，不会出现。因此，对于跨媒体的经营，现代文明社会都特别谨慎；各种管制措施，不一而足。

旺旺集团在台湾拥有中视、中天（电视）和中时（报纸），是不折不扣的跨媒体经营。台湾的"通讯传播委员会（NCC）"在处理中视、中天变更董事的申请时，没有采取画地自限、见树不见林、锯箭式的立场，只考虑电视的经营，而是较广泛的考虑跨媒体经营的问题；而后，依职权做成裁决。这种处置，不但有学理上的支持，而且有先进文明社会的经验为后盾。"通讯传播委员会"勇于任事的做法，在台湾政府机关里非常少见，值得肯定和鼓励。

当然，旺旺旗下的中时和中天连手，连日炮轰 NCC，不仅坐实了科斯的洞察（媒体也是利益集团）；而且，更赤裸裸地呈现了跨媒体经营之间，彼此与援和炒作新闻的潜在问题。

然而，就旺旺集团而言，不过是台湾第一家跨媒体经营者。《苹果日报》和壹传媒电视同步演出，即将登场。与其打乌贼战、混淆视听，斤斤于狭隘的眼前利益；不如开大门、走大路，光明磊落，步步为营，希望能永续经营。如果把自己的品牌砸烂，引起社会大众公愤，不但是自找麻烦、和钱过不去，也对不起公司的股东。

对厂商而言，无论在商品或是言论的市场里，都值得追逐长远的利益。在这一点上，两个市场倒是无分轩轻。

# 台湾地区选举，可能多数人都是输家

当选者和支持者要意识到，他们是少数。在执政时，不要忘记多数人的好恶和福祉。

根据几个月来的各种民意调查，2012 年台湾地区领导人大选无论谁当选，得票率可能都不会超过 50%；而且，两位落选者的总得票数，很可能超过当选者。因此，赢家是不到50% 的少数，可能多数人是输家。此情此景，台湾社会大众该如何是好？如此结果，又可萃取出什么启示呢？

最直截了当的是，当选者和支持者要意识到，他们是少数；他们的立场和偏好，和多数人并不一致。在执政时，不要忘记自己正当性的局限，也不要忘记多数人的好恶和福祉。比较重要的，是台湾地区选举过程中出现的一些迷思，值得厘清。

政治学者奥尔森（M. Olson, 1932—1998）的《权力和繁荣》（*Power and Prosperity*），是集大成的智慧结晶，在他去世后出版，广受好评。对于政治的功能，他简单地归纳出两点：处理政权的递嬗，分配社会资源。过去的皇权帝制和现代的民主政治，政治上都是处理这两大问题；但是，在方式和内容，以及和民意的呼应上，当然有天壤之别。以民主政治而言，领导人定期改选，政权和平转移；透过民主代议的方式，分配社会的资源。当然，投票选举，可能选出不好的领导人；代议政治，可能受利益集团纠葛，甚至成为"分赃政治"。因此，重要的不是"结果"，而是"过程"；也就是，民主政治的可贵，在于这种"游戏规则"，为绝大多数人所接受。虽然这是关于民主政治的常识，却往往被忽略漠视。

在2012年台湾地区领导人大选里，时任台湾民进党主席的蔡英文提出的"台湾共识"① 是主要议题之一。对于它的内容、产生的方式，媒体上有极多的讨论。然而，众说纷纭，蓝绿各有自己的共识，人人有不同的解读。这种莫衷一是的现象，其实正反映了这个观念的问题所在！在公共政策上，蓝绿之间有歧异已是常态；它们的立场，正代表各自支持者的偏好和利益。解决蓝绿之间的差异，并不是透过协商，找到共识；解决歧异的方式，最后是透过议事规则，由表决来取舍。因此，在台湾的公共政策上寻求共识，就像希望捕捉天边的彩虹——理想虽好，却是缘木求鱼。

特别是台湾的现实情况，对于公共政策的好恶，大致上以蓝绿来区隔；在两岸关系、对外发展、经济走向、核能政策等等问题上，各有各的立场。而且，各自的基本立场，都有特殊的时空背景，长期以来相对稳定。在两岸关系上，很难想象蓝绿之间能找到"共识"；在其他的公共政策议题上，

---

① "台湾共识"是前台湾民进党主席蔡英文个人为取代"九二共识"而炮制的一个新名词，许多评论者认为"台湾共识"是尚未成形的设想，仍有待讨论。

大致上也是如此。

台湾的"政治运作"，过去不是基于共识，现在不是，在可预见的未来也不会是。无论是蓝或绿执政，重点不是在探索或寻求共识。相对的，是根据游戏规则，透过"行政"和"立法"部门，实现政党本身所揭橥的政策，并且承担后果，包括民意的反应和下次选举的得失。如果有争议或者违反游戏规则，就由"司法"作最后的裁量。和虚无缥缈的"共识"相比，民主政治的游戏规则，以及背后的司法长城，才是支撑民主的基础所在。因此，只要游戏规则运作正常，只要"司法长城"屹立不摇，无论选举结果如何和资源如何分配，台湾社会都可以负荷——即使多数人都是输家，社会照常运作，太阳依然从东方升起。

多数人是输家的情况，在台湾可能会经常出现。如果社会能经得起"少数执政"一再的试练，长此以往，也许可以说所有的人都是赢家！


## 为何不投降

死伤到一定程度，投降了事。投降，也未必可耻或屈辱。

脑海里浮现这个问题："为什么不投降?"有远因，也有近因。

远因，是多年前读《菊与刀》，人类学家潘乃德（Ruth Benedict）的名著。二次大战时，美国惊觉对日本了解有限，开始投入人力、物力研究。潘乃德广泛收集资料，完成一代经典。日本人的性格，有如一种对立的组合：既有菊花般的幽雅凄美，又有刀剑般的锐利冷峻。

对于日本人的性格，书中还有诸多有趣的描述：英法德等老牌殖民国家，作战时一旦死伤超过四分之一，指挥官就可以（应该）投降。可是，日本军人传统的武德，是绝不投降。可以切腹、跳崖、投海，但是不投降。不只如此，军队里基本上没有军医；不处理伤残，任他们自生自灭。当时，隐约有一点好奇，为何日本人性格如此决然刚烈？

近因，是在南京讲学之际，利用周末造访徐州，参观"淮海战役纪念馆"。1948 年的这场战争，号称国共内战史上的三大战役之一；为期 4 个月的"徐蚌会战"（淮海战役），战况惨烈、死伤枕藉。国军有 80 万人，共军有 60 万人，结果，共军以寡击众，国军死伤被俘 55.5 万人。内战由此战局大事底定，国民党政府撤到了台湾。

在纪念馆里，看到图表数字、照片雕像，心里一阵怅然。同一个民族的子弟，骨肉相残至此。这些归于尘土的英灵，难道不是别人梦寐所系的子弟父兄良人吗？当战局急转直下，伤亡直线上升时，国军指挥体系为什么不下令投降？华人文化里，关于军事的教战守则，"投降"似乎也不是标准作业程序的一环。为什么？

在一个社会的文化传统里，会不会形成投降这种游戏规则，显然涉及很多复杂的因素，不容易一以贯之；然而，以小见大，由每个人的生活经验里，也许可以稍稍琢磨可能的曲折。

凡是下过棋、打过扑克牌或其他球类活动，多少都有类似的经验：如果这一局已经大势底定，不可能起死回生，那么干脆弃子投降，重新开始。希望在下一回合里，能够扳回一城。也就是，只要是"多回合赛局"，单一回合的输赢有限，无须过分计较。

在华人历史上，地理结构使然，这是一个完整、自给自足的区块，对外征战的机会不多，和邻居交手的次数非常有限。"多回合赛局"的概念，并不容易形成。在内部的摩擦中，多半是群雄并起、逐鹿中原、成王败寇、你死我活式的冲突；输赢在此一举，没有多回合赛局可言。因此，环境使然，不容易雕塑出多回合、重复赛局的传统；对应的这次投降、下次再战的做法，也就无从出现。

相形之下，欧陆地区，国家民族之间的冲突，史不绝书。既然常打仗，就有胜有负。这次输了，下次再来，无须玉石俱焚，无须不成功便成仁。久而久之，形成彼此都接受的游戏规则——死伤到一定程度，投降了事。投降，也未必可耻或屈辱。

哪一种文化传统比较好呢？由旁观者的角度，其实不容易做出价值判断。文化传统，是特定环境和相关条件的产物，无所谓好坏。然而，地球村的出现，却为这个问题带来新意：任何一个社会，都不得不和其他社会重复交往互动。也许，对于华人社会这个古老文明而言，也终会慢慢褪去"汉贼不两立、不成功便成仁"的教条，而逐渐琢磨出与时俱进的教战守则。

适当的时机下，为什么不投降？

## "高墙"里外

在高墙之外能广泛应用的观念，是不是在高墙内也适用？

这些年来，我曾应邀到许多不同的单位，面对各式各样的听众。然而，最近的这一次，却是特别又特别。我面对的50位听众，是台湾地区所有监狱、看守所、观护所、辅育院、戒治所的负责人；我有3个小时的时间，介绍经济思维。

这是群默默为台湾社会承担重责，却几乎得不到掌声的人。几经思索，我定了题目："墙里墙外——经济分析一以贯之？"我希望阐明经济分析的基本概念，然后接受检验；这些在高墙之外能广泛应用的观念，是不是在高墙内也适用？

经过1个多小时的预备和暖身之后，我对眼前的听众提出挑战。我表示，虽然我和他们第一次碰面（除了两位我过去教过的学生），虽然我对他们的工作了解有限；然而，利用我所介绍的分析架构，我归纳出他们五点人格特质。我的揣测是否离谱，毋庸外而求也，就由在座的典狱长、所长、主任、院长、校长们自己来判断。

第一，和一般社会大众相比，他们有宗教信仰的比例较高，而且，多半是（广义的）佛教，而不是天主教、基督教或其他宗教。第二，他们通常比较不热情，对亲情、友情比较冷淡，甚至会被批评是无情或冷血。第三，对于改革现况的企图心较小，宿命论的倾向比较明显。第四，心中总有些压抑的不平，年轻时可能会宣泄释放；年纪较大时，会以冷淡冷漠处之。第五，他们通常有一嗜好或钟情所在，而且多半是个人式的，譬如摄影、书法、金石收藏等等，而不是结伙登山、交际应酬之类的。

我说完之后，还在犹豫反应将是如何，一位在后面旁听的女士马上起身，为在座的典狱长、所长、主任、院长、校长们打抱不平。她认为，典狱长并不因为工作性质特殊，性格上就有冷漠守成等倾向；事实上，他们都很积极进取，不断在工作上改善求进。

似乎，我在象牙塔里的揣测，真是不识菽麦的呓语。没想到，坐在最前排的一位女典狱长发言，她认为：我所指出的人格特质，大约有70%是成立的。又有几位发言之后，我试着说明自己的推论过程。

首先，首长们大多来自台湾的"中央警官学校"（警察大学）狱政系，很清楚自己母校的情形。行政系的毕业生，多半重视作业程序，表册纪录完整齐备。刑事系的毕业生，达成任务（追捕要犯、枪战肉搏等）最重要，文字表格聊备一格、差强人意。其次，交通警员单独值勤，不须要和同僚密切互动。相对的，消防队员在火场出生入死，死生一瞬间，同僚之间必须情同手足。因此，平常呼朋引伴，朋友酒肉，看起来是醉生梦死，其实和工作性质密切相关。

最后，典狱长们的工作，是接触高墙内众多扭曲变形的人生。犯人们的家庭背景、成长经验等等，和一般社会大众相比，往往有一段距离。狱方花再多的心思，希望能让浪子回头，出狱后重新做人，可是，年轻人服监出狱之后，"回笼"的比例很可观。然而，到了某个岁数时，却又只出不再进。墙里和墙外，真如两个世界。因此，面对高墙里的情境，用轮回或宿命来解释，相对容易。而且，每天早晚进出墙里墙外两个截然不同的世界，如果心情上能冷淡冷漠一些，反而比较能应付裕如。埋首在摄影绘画、金石收藏等等，至少有几个小时的时间，可以静下心来，忘却诸多不可解、也无能为力的难题。

当然，即使我的揣测差强人意，还有一个问题悬而未解：典狱长们和这些人格特质之间，到底何者是因，何者是果？有这些人格特质的人，容易成为典狱长？还是成为典狱长之后，才发展出这些人格特质？

# 寻找司法女神的真容

司法女神的容颜不是由上苍或圣者所赐予，而是由平凡的人所雕塑。

司法女神的容颜，谁也没有真正看过，不过，无论古今中外或繁荣落后，每个社会都有自己的司法女神。借着一些具体的事件，或许能捕捉司法女神身影的片段。在台湾，黄清波的经验，耐人寻味。

台湾东部的花莲太鲁阁，悬崖峭壁、峰回路转，是远近闻名的观光胜地，其中的文山温泉，更是令人流连忘返。太鲁阁"国家公园"管理处的绿水工作站，就负责文山温泉区域的清洁维护和安全巡察等等。黄清波，基层公务员，绿水工作站的主任，包括他在内，绿水工作站共有三个人，要照顾很辽阔的一片区域。

2005 年 4 月 3 日下午，文山温泉发生的意外，改变了黄清波的一生。当时天朗气清，惠风和畅，几个温泉池里，都是扶老携幼、远近而来的游客，在大自然的怀抱中，享受温泉的滋润。下午 3 点左右，毫无预警的，温泉上方岩崖断裂，轰然一声，锋利的岩片和石块笔直落下，一阵惊呼慌乱之后，尘埃落定，池里是混浊的血水，温泉客一死八伤。

对于这个晴天霹雳，死伤者家属当然悲痛难抑，他们认为，"国家公园"没有尽到防范的责任，因此提起民事诉讼，要求台湾政府赔偿。同时，检察官也介入调查，对黄清波提起公诉：玩忽职守，造成死伤，要承担刑事责任。如果被判有罪，他可能要入狱服刑，工作和退休金就此化为乌有。就是在这种背景之下，我认识了黄清波。

开民事庭时，承审法官建议太鲁阁"国家公园"管理处和我联系，由"法律经济学"的角度，提出专业意见。我由台北飞往花莲，在管理处和黄清波碰面，一起去看现场。然后，又花了好几个小时，看他提供的书面数据，听他细数文山温泉的点点滴滴。

黄清波身材不高，大约160公分，60岁左右，两鬓斑白，背稍稍驼，是花莲当地人，已经在"国家公园"里服务了大半辈子。他的态度一直勤勤恳恳，对各种典故如数家珍；可是，眼神有点茫然，表情有点无助。

了解来龙去脉之后，我的判断其实很简单：无论是文字记载或当地民众的口耳相传，文山温泉从来没有发生过自然落石；唯一的一次落石，是几年前猴群嬉戏，推落一个小石块，打到游客的腿上。对于无从预料（not foreseeable）的事件，当事人当然没有责任。可是，太鲁阁"国家公园"管理处自1986年成立以来，园区内事实上曾断断续续，在不同的地点发生落石事件，而且也曾经造成伤亡。

因此，有过失的是太鲁阁"国家公园"管理处，没有对游客提供保险，而不是文山温泉本身的问题。黄清波只是第一线的工作人员，没有责任可言。对从来没有发生过的落石意外，要黄清波负责，就像陨石砸入温泉造成死伤，却要他负责一样。

然而，对于民事官司，地方法院先做出判决，认定太鲁阁"国家公园"管理处有过失——猴群嬉戏造成落石后，没有采取更积极的措施，在温泉区加设防护罩和竖立警告标示等等。太鲁阁"国家公园"管理处提起上诉，"高等法院"短暂审理后，维持原判。这时候，管理处刚好有职务调整，新旧处长交接，对新任处长而言，无须承担上一任处长任内的功过，因此他决定不再上诉，赔钱了事。

既然民事败诉，黄清波的刑事官司当然不乐观。然而，在天平上受检验的，不只是他的工作和退休金，还有他的人格和尊严。后来，黄清波寄给我一封电子信，提到他的刑事案件："为免讼累，而以认罪协商；将判有期徒刑十个月、缓刑三年，劳役一百二十小时。"

在可以预见的未来，类似黄清波的事件，相信还会出现。然而，我们透过他的例子，还是可以看出一些端倪。

首先，社会长期稳定之后，才有条件逐渐过滤掉不合情理的现象。其次，处理明显的不公不义，比较简单；处理细微的是非，需要更精致的条件。再其次，无论如何，司法女神的容颜，不是由上苍或圣者所赐予，而是由平凡的人所雕塑。一个地方司法部门的作为和水平，反映的其实是大环境里一般的作为和水平。

# 第四部

## 经济学家的两岸漫游：
## 在历史的足迹里迷惘

华人社会（用中文的地区）的四大要角——大陆、香港、台湾、澳门——之间的种种对比，充满了兴味。就以近百年而言，各自经历不同文化的影响：马列主义于中国大陆，英国于香港，日本于台湾，葡萄牙于澳门。

当然，有些还是现在进行式，有些已经算是过去式了。在香港，英国法律（和法庭、法官服饰等等）还大行其道；在澳门，葡萄牙法律还影响着50万人口的食衣住行。对社会科学研究者而言，单单是探讨外来文化的影响，就是饶有兴趣的课题。

此外，在民主和法治的发展上，哪一个地区可以同时达到两个目标——民主政治和司法独立——在理论和实务上，显然都很重要。然而，在彼此竞争的过程里，"了解"无疑是关键的一环。这一部分里的许多文章，都和两岸有关。取材的角度，不是宏观远眺，而是近观侧记；像贴瓷砖般，一片片拼凑，希望能逐渐描绘出有意义的图样。

如果能把距离拉远，以旁观者的心情和视角，以文化的高度着眼，刻画这四个区域的点点滴滴，相信会有更丰富的材料和更精致的体会。希望在不远的未来，我的笔下能陆续写出这方面的材料。这是一种挑战，也是一种自我期许。

# 包罗万象的中国大陆

　　二十一世纪初的中国大陆，社会犹如一道非常宽广的光谱。

　　学期休假，我事先安排好，到中国大陆三所大学短期访问。第一站就是北京大学，单位是"中国经济研究中心"，该中心主任是鼎鼎大名的台湾宜兰人林毅夫，中心里还有三位最近加入的台湾经济学者。

　　我预计待五周，教授一门密集课程。我和另一位访问学者共享研究室，他是瑞典人，名叫桂斯德（Christer Ljungwall）。此君非常有趣，四十开外，原来是职业军官，隶属瑞典精英特种部队，专门干爆破敌人舰艇、拯救人质之类的事。

　　冷战结束后，他父亲（资深军官）劝他，瑞典军队将大幅缩编，他最好早为之计。他很少听老爸的话，这次是少数之一。他读完大学之后读研究所，想写有关苏联或东欧的经济议题。不过，他又接受长者（指导教授）的意见，以中国大陆经济为主题；这是瑞典有史以来，第一篇关于中国大陆经济的博士论文。

完成学位之后，他就到北京大学作博士后研究，实际接触研究主题，他觉得很幸运。然而，他的运气还不只如此。改革开放后，中国大陆经济突飞猛进，欧盟各国极力拓展和大陆的各种接触。他人在大陆，却接到通知，得到地位崇高"斯德哥尔摩经济学院"（Stockholm School of Economics）的永久聘（tenure），而他从来没去过那个学校。

有天早上我问他，是不是自己开车来上班？他略带腼腆地说，不是自己开车，有司机送他来。大学里的研究人员配有轿车司机，太奇怪了吧！原来是，经济学院为了善待他这个"中国宝"，特别打电话给沃尔沃（Volvo）和爱立信（Ericsson）这两家在中国有派驻人员的瑞典大公司，学院问两大公司，他们的代表在大陆有哪些待遇？答案是："有轿车、司机和像样的住所。"所以，他就有了轿车、司机和漂亮的住宅。他说，做梦也没有想过，研究大陆经济这么有搞头；而当时他还没有发表过半篇论文！

在中国大陆，运气和桂斯德一样奇妙的人，肯定不止一位。然而，在光谱的另一端，却还有成千上万的人。

有天看晚报，两则新闻令人印象深刻。元宵节刚过，记者报导：元宵供不应求，因此有了"元宵黄牛"，先买下大量元宵，再至路边高价转卖。家中"小霸王"们的父母，毫不犹豫地掏钱买下。另外，报纸专访一位坐牢的年轻人，他原先在一大百货城里活动，百货公司为招揽顾客，推出红利券，买3000元的货品，可得红利券3000元，下回购物，红利券可以当现金使用。

年轻人琢磨出一种操作程序，透过一连串买卖，可以凭白得到收入。勤快一点的话，一天可以有上千元的进账。利之所在，当然有人闻腥而至。原先两三个人的独占生意，后来竟有上百个人进场逐利。为了抢地盘，暴力刀枪上场，年轻人锒铛入狱。

随着经济发展，"元宵黄牛"和红利券掮客的现象，想必都会逐渐消失。"元宵黄牛"会消失，是因为随着所得增加，蝇头小利将不再有吸引力；而且，产销体系也将更灵活深入，日常用品的供需失调将越来越少见。红利券掮客将会消失，是因为经济活动扩充成长之后，配套措施也将伴随成长。在一个百货大卖场里，不可能容许一帮人光天化日、经年累月的上下其手，干扰正常的买卖活动。也就是，"元宵黄牛"和红利券掮客，都是从事"重分配"（redistributive），而不是"生产性"（productive）的活动。经济活动上轨道之后，日常生活里重分配的活动将销声匿迹，生产性的活动将成为主流和常态。

当然，这是一个漫长的过程，而在这个漫长的过程里，会出现一些很特别的现象；虽然是过眼烟云，却为这个漫长的过程留下特别的注记。

我利用周末去参访古迹。北京城里的钟楼和鼓楼，是中外访客必到的景点。两楼都高约五十公尺，相距则约一百公尺；由地面到钟鼓所在，是笔直向上、很陡峭的六七十级石梯。明清两代，这两座庞然大物，就发挥报时的重大功能——暮鼓晨钟。

　　钟鼓楼附近，是众多蜿蜒曲折的胡同。胡同区里，一大片民宅，都是老旧的平房；走进一个窄门，往往又是密密相连的房子，住着好几户人家。我在这些胡同里闲逛，有一个小小的发现：这些老旧狭隘的住宅之间，每隔几十公尺，竟然就有一个亮丽方正、相当干净的公共厕所。而且，胡同边面对大街的公共厕所，规模更大；男女厕之外，角落竟然还有一个两坪大的房间，里面是身着鲜红制服的清洁人员。

　　这些新颖现代化的公厕，坐落在老旧的胡同里，真是格格不入。后来，我想通了原委。胡同里面的住宅，空间已经非常狭隘；要改善卫生设施，工程浩大，可能是缘木求鱼。因此，政府一声令下，干脆采取"井田制"——在一定数量或面积的住宅附近，就设一个公厕。有了明亮方便的公厕，家家户户都可以舍弃自己的私厕。

　　我相信，这是阶段性的便宜措施，等经济发展到一定的程度，胡同区的这些住宅改建时，相信不会再有这些公厕。公私并存的"井田制"，必然会变成只有私人厕所的私有制。虽小道必有可观，更何况在大陆，厕所还不是小问题。我到北大附近的清华大学慢跑时，曾至校园里的男厕方便。没想到，首善地区的重点大学，男厕里竟然只有矮墙相隔，而没有门！

这就是二十一世纪初的中国人陆，社会犹如一道非常宽广的光谱。其中的一端，是像桂斯德的轿车和司机；另一端，则是"元宵黄牛"、红利券捐客；而介于其间的，则是胡同里的公厕和清华大学里没有门的男厕。

## 北京见闻——经济基础决定尊严高低

经济活动带来时间和空间的改变，都是使人的尊严越来越高。

对于生活在北京的人，经年累月的耳闻目见，许多事情都是理所当然。然而，对于初到北京的人，参考坐标不同，往往就有不同的感受。

到北大的五周里，我借住学校的宿舍，宿舍旁边是一个工地，正在大兴土木。早上7点不到，工人们就开始运砖块动工；晚上10点多，起重机还在挑灯夜战；星期六、日照常施工。这当然不是个案，目前经济活动不但生气蓬勃，而且已经成为主导的力量，滴水穿石般，正不知不觉改变生活里的一切。对于一个外人而言，这些现象所隐含的意义，耐人寻味。

北京地铁通车时只有两三条线，目前（2012 年）有 15 条线。非常有趣、也非常令人惊讶的，是转车时的波折。有两条线之间的转乘，是在同一个车站里，只要步行一小段路，就可以转乘；可是，二号线和十三号线之间的转乘，却要先爬近百阶的楼梯，出站，然后步行好一段路，再入站，再上车。整个过程，至少要花上五六分钟。

每个人 5 分钟，每趟车有几百人、甚至上千人，每天从早上 6 点到晚上 11 点，一年 365 天，经年累月之下，单单为了转车，不知道要耗掉多少时间。可是，为什么呢？为什么不调整路线、改建车站，让乘客可以在同一个车站里转车呢？

我想，答案很简单：因为时间还不够值钱；每个人花 5 分钟，不关痛痒。所有乘客所耗掉的时间，加在一起，价值上也还抵不上改建所要耗掉的货币成本。因此，有趣的问题是，当年人均收入增长到多少美元时，时间的成本会超过改建的成本？当那个时点接近时，相信北京的地铁会大兴土木，耗费一次的改建成本，让以后世世代代的乘客，能利用省下的时间，去享受和创造更高的价值。

时间不值钱的例子，不只反映在地铁转乘，生活周遭的小事，也所在多有。宿舍区附近，有许多餐馆，我逐一尝试，也颇有一些小惊奇。有一个餐馆，菜单上有"炖羊骨棒"，令人好奇，我就点了一客。来了之后，发现是一堆羊骨头；卖点所在，是用小吸管用力吸骨髓。另一个餐馆，名为"羊蝎子"，是火锅店，火锅的锅底，就是一大堆羊骨头，而上面只有些许的羊肉；食之要花时间力气，弃之又可惜。等经济活动进一步发展，时间的价值上升之后，我相信炖羊骨棒和羊蝎子都会逐渐减少，乃至于消失。

这些具体事例反映了，随着经济活动的增长，时间的价值慢慢提高；除此之外，有些现象比较抽象，但本质上其实是一样的。

3月15日，是大陆的"消费者维权日"，为了维护和争取自己的权益，各地都举办了集会，倡导维权的重要。因为消费者的权益，受到不法或不合理的侵害，所以要维权；租屋、汽车和手机，是消费者维权的大宗。报上有一张照片，里面有一个人、四匹马和一辆车，车主买的车无端爆炸，他想用四匹马把车拖回车行抗议。

经济活动发展之后，信息越来越流通，品牌也变得越来越重要。得罪消费者，就是和白花花的银子吵架，也就是和自己过不去。而且，把时间心力耗在摩擦争议上，等于是平白丧失了用这些时间心力去赚更多钱的机会，对买卖双方都不好。因此，在农业社会里，时间不是金钱；在经济活动热络的社会里，时间"可以"是金钱。

和时间密切相关的，显然是空间。经济活动使时间的价值上升，对空间的影响又是什么呢？最直接的例子，就是十字路口和红绿灯。初到北京，走到十字路口时，虽然有红绿灯，但是不知道怎么过马路，因为无论是车子或行人，似乎都各行其是，不大理会红绿灯。时间稍久，弄清楚游戏规则：

对于行人而言，不要管灯号，只要跟着其他人走，就过得了马路。红绿灯只发挥了一部分的功能；另外一部分，是靠行人和车辆自己随机应变。也就是，人和车（也就是大家）对于空间的运用，相当的任性和粗糙。

当经济活动进一步发展之后，行人和车辆都会慢慢地意识到：自己从心所欲，看起来是自由度增加，长远来看，其实是限制了自己的自由。终会有一天，在十字路口对于空间的运用，会进展到最简单、最直接、最笨拙，但也是最有效率的运用方式：按红绿灯来。行人只要看灯号，就可以从容优雅的过马路，而不会像现在一样，一边走一边担心，不知从哪里会窜出车辆来。

除了具体的空间，还有抽象的空间，我指的是人和人之间的相对关系。在北京，公安等公权力固然享有绝对的权威，其他手里握有一点小小权力的人，如地铁的售票员、维持上下车和出入站秩序的服务员、公共汽车的售票员，对市民大众也经常大呼小叫，甚至吆喝训斥。有趣的是，所有的人似乎都默默接受，承受这种人际关系上的不平等。然而，随着经济发展，大家都有稳定的工作和正常的收入，众人会逐渐意识到，每个人的工作只是一种专业。在专业和专业之间，彼此是平等的，没有高下可言。换句话说，经济活动形成的专业社会，能慢慢雕塑出人和人之间的平等。

经济活动对时间和空间的影响，表现的形式并不同；然而，在本质上来看，却是相同的。重要的是，经济活动带来时间和空间的改变，都是使人的尊严越来越高。除了时间和空间之外，经济活动是不是对其他事物也带来冲击？在这个古老又现代的北京，我满怀兴味，有无比的好奇……

## 武汉见闻——百废待兴

重启民间经济活动，要允许民间部门慢慢发展，经历经济活动由下而上、由近而远、由轻而重的漫长演变过程。

我曾利用学期休假，到大陆三个地方游学讲课，在北京、杭州、武汉的三所大学，各待了六个星期左右。北京，是傲人的古都，又是目前的京畿；杭州，有骄人的西湖，民众生活富裕祥和。因此，在这两个城市里，当地人言谈之间，总会不自觉地露出自豪和自负的神态。

相形之下，我在武汉接触的人最多，接触的面最广；然而，这里的人，似乎都没有以武汉为荣为傲的情怀。对我来说，从点点滴滴里，要形成对武汉的整体印象，似乎也很困难。不过，虽然一直有种迷惘和困惑的情怀，对几件事却留下鲜明的记忆。

武汉这个大都会，包括汉口、汉阳和武昌，清朝时就是重要的通商口岸。武昌，更是近代史上掀起新页的所在；1911年的武昌起义是辛亥革命的开端，并最终结束了大清帝国近

179

三百年的统治，中华民国因而诞生。武昌起义的地点，已被命名为"首义广场"。广场正在大规模改建，武昌起义纪念馆就是不远处的红色建筑。四平八稳的总督府造型，两层楼红砖建筑，呈"Π"字形，像军营一般。在正门的进口处，要先穿上鞋套，以保护地板。这是鄂省原来的咨议会，1911 年10 月 9 日晚，几个革命党人被捕，新军军营内的党员不服指挥，发动革命。第二天，规模扩大，终至席卷大陆，不可收拾。

议事大厅的左侧，大银幕上重复播放纪录片，回顾有关武昌起义的种种，在这个气氛里，我有种很特殊的历史感：觉得这里所发生的事，和自己有某种牵连。这是看长城、故宫、秦陵、地宫时，从没有过的情怀。

起义后，大楼成为临时军政府，新军都督黎元洪观望一阵后，决定加入革命的行列。1912 年 1 月 1 日中华民国在南京成立，4 月 12 日孙中山辞去总统；黎邀孙来武汉访问，当时各界盛大欢迎。照片里，对日抗战期间在南京成立政权的汪精卫，就站在孙、黎两人身边，汪英挺出众，固一世之雄也，而今安在哉？

沧海桑田、景物全非的联想，当然和苏东坡的《前后赤壁赋》有关。到武汉而不到东坡赤壁，是愧对自己，也愧对古人；然而，"赤壁之游，乐呼？"答案是："乘兴而去，败兴而归。"

朋友开车，由武汉到黄冈大约 40 分钟；市区里碰上一路障，交通警察要我们掉头上堤防。在堤防上下绕了近一个小时之后，我们又回到离路障不远处；其实，车子一掉头，赤壁就在三百公尺外，交警明知我们要去赤壁，却故意指错方向，让我们绕了好大一圈。

赤壁已改为公园，要收门票。大庭园的回廊里，是黄冈地区历年所出的将官，其中最知名的是林彪。赤壁应在江边，才有"山高月小，水落石出"的字句；可是，卖门票的人一句话带过："长江已经改道。"

眼前是一大片水泥墙，涂成褐色，略有凹凸石块，有一个小牌子标明：东坡赤壁！拾级而上，有五六间传统建筑的厅堂，墙上是几幅加了玻璃框的书法碑件。唯一可观的，是在一大块石屏风上有《前后赤壁赋》全文，为后世书法家所撰。文物铺里，有号称是苏轼字迹的石刻拓片，平平淡淡。山脚下有一大水池，和长廊、围墙相依。整个赤壁公园，没有古意、没有古味、游人不多、没有卖点，我有种被欺骗的感觉。

杭州有西湖，武昌有东湖。可惜的是，西湖面积小，就在市区里，是杭州人起居生活的一部分，每天在西湖边散步聊天喝茶的杭州人，不知有多少。东湖也在武昌市区里，号称是大陆最大的市内湖，然而，面积过大，又没有特别规划开发，对本地人和外地游客而言，都无法和杭州西湖相提并论。

有一天，我到湖边散步，打算由磨山坐木船回东湖公园大门。湖边有两艘木艇，开价一小时 40 元，经杀价，最后以 30 元成交。船主五十余岁，身材瘦削，脸上有许多皱纹。据他说，船的造价为 3000 元，可以用 20 年。他自 1992 年开始划，每年要上缴东湖公园管理处（国有企业）3000 元税金。

由于限制了船号的数量，所以船只不再增加。问他将来怎么办，他表示，年纪大后，可以把船号和船传给儿子。在杭州西湖，搭类似的木船，一小时一百六；而东湖是一小时四十五左右，两相比较，可以反映两地游客的多少和物价水平的高低。而最让我心底暗暗惊异的是，划船的人还打算父传子，让自己的孩子承继衣钵，以操桨为生！

我很好奇，为什么会如此呢？历史上，武汉曾是重要的通商口岸，1861 年起，列强就设有领事馆。在起义广场的红楼里，墙上还有一幅当年的公告，武昌事变后 5 天，各国驻武汉领事馆以文言文发出通告：依国际惯例，对革命军采中立态度，不介入！1949 年之后，武汉也是军火等重工业的枢纽，这里制造的潜水艇，据说可以沿长江一路开出海。当时的盛况和气势，何等壮观。可是，物换星移，一两代之间，怎么会变成今天的模样——船夫对儿子的期许，就是要继续以出卖劳力为生。

由历史来看，也许武汉接连受到两次冲击，从此风云变色、繁华不再。清朝覆亡，民国肇始，然后是八年抗战，中华人民共和国成立。新中国成立之后，切断对外联系，在武汉发展重工业。因此，一方面断绝了原来活络的经贸活动；

一方面又发展国防工业等上层建筑。民间的经济活动一蹶不振，而且已经持续了几十年。

改革开放之后，一切等于是重新开始；由民间部门慢慢发展，要经历经济活动由下而上、由近而远、由轻而重的漫长过程。也许，二三十年之后，过去繁华的风貌会再渐次呈现。到时候，对于未来，相信东湖的船夫会有很不同的期许。

# 向前看，向钱看

当自己的景况改善，自我感觉良好之后，连带的将心比心，也会对别人开始关怀。

在中国大陆游学，我待了三个学校，近距离观察北京、杭州、武汉的风土人情。有两件事情，我觉得特别值得一记。

记得 2007 年四五月在杭州时，刚好美国发生校园喋血事件，一位韩裔大学生，枪杀了 38 位同学后自尽。无论就情节或影响，这都是震惊全球的大新闻。几天之内，大陆江西煤矿发生矿难，死难人数也恰好是 38 人。虽然死亡人数一样，媒体的报道，却大不相同，几乎有天壤之别。

接着，网络和报章上，出现一连串的讨论、省思和责难：死难人数一样，受冲击的家庭相去不远，为什么对美国的悲剧连篇累牍，对大陆本身的悲剧却是过眼烟云？看到这些针砭，我也问自己"为什么"，怎么解释这种显而易见的差异？后来，在课堂上，研究生也提出这个问题。不过，这时候，我已经胸有成竹；我以自己在公交车上的亲身经历，间接响应。

有天傍晚，我由浙大校门口搭公交车，打算到西湖边走走。因为是起点，所以上车后有空位坐，我就坐在司机附近。过了两站，人越来越多，座位都已坐满，这时候，上来两位头发灰白的老妇。看到她们，我自然起身让座，奇怪的是，坐下来的人完全没有任何表示，而且没有其他的人起身让座。

我心里有一丝讶异，而后来的讶异还不止于此。又过了两站，两位老妇下车，一个中年男子很快过来坐下。没多久，一位年轻妇人抱着幼儿上车，而坐着的人，竟然没有任何一位起身让座。讶异之中，我脑海里突然灵光一现，想通了。

当自己衣不蔽体、食不果腹时，不会有心思气力去注意别人，更遑论关心别人。同样的道理，只有当自己的生活已经温饱舒适，自己觉得有尊严时，才有余力将心比心，关心别人的尊严。公交车上的曲折反映了，至少对很多人而言，目前只有心思气力照顾自己。因此，对许多大陆民众来说，美国校园喋血，是新闻，是属于世界搜奇，因此很好奇。相形之下，江西煤矿矿难，是自己社会的事件，和自己隔得远，也无须大惊小怪。对自己眼前的老妇少妇婴儿，都还没有同情之心；对于千里百里之外的矿工和家属，又怎么会有忧及股肱的情怀呢？

我的第三站是华中科技大学，六月末课程结束，到三峡大坝做三日游。透过同行朋友的安排，宜昌市统战部彭科长出面接待。看了大坝，也看了附近的民俗村（少数民族土家族，宋朝就聚村而居），还参观了一个欣欣向荣的化工公司。

由闲聊中，我知道宜昌的台商并不多，我请彭科长安排，希望能和台商联谊会的朋友碰面，了解他们的情况。离开宜昌的前一天晚上，三峡大学热情款待之后，我们回到旅馆，一对年轻的台商夫妇，已经在大厅里等候。我们三人，到对面的咖啡厅落座闲聊。男的三十出头，台大化工系毕业，开朗健谈，到大陆已经 6 年；新婚不久的妻子，年轻貌美，师范学院毕业，当过"国中"老师，到大陆不久。

据他说，家族公司原来在台北县，主要业务是镀铝，因为工资上升和营销等因素，公司曾经一年亏损一亿台币以上。到大陆设厂之后，一年之内就赚回所有亏损。工厂原来在深圳，后来考虑到电力价格逐渐上涨，经过调查，现在已经把工厂迁到宜昌和包头；这两个地方都有充沛低廉的电力供应，因此公司营运蒸蒸日上。

"有多少台商亏钱呢？"我问。他表示，当然有台商亏钱，但是比例不高。会赔钱，通常是本业赚钱之后，志得意满，然后，在别人怂恿之下，见猎心喜，投入自己不熟悉的事业。误入丛林的小白兔，当然容易成为嗜血动物口中的肥肉。或者，赚了钱以后，可能涉足色赌和毒；轨迹不同，但是结果通常相去不远。

"在大陆赚钱容易吗？"我又问。他的回答，让我对眼前的年轻小伙子另眼相看。在大陆赚钱，其实很容易。为什么？因为，台湾人的工作态度和工作习惯比较好，比较认真，比较负责，比较把工作当一回事。

他所说的为什么之下，其实还有另一层为什么——为什么台湾人的工作态度和习惯比较好？这个问题的答案，事实上也很简单。台湾社会已经稳定了几十年，这段承平岁月里，一般民众都受过相当的教育，经济稳定成长，也已经有很长的一段时间。在这个教育普及、经济发展、社会稳定的环境里，一般人的思想观念、工作习惯，都已经有一定的水平。与高收入国家和地区相比，可能还差强人意；和中国大陆相比，目前还领先一截。

依我观察，在工作态度和专业精神上，香港人最好，台湾人其次，大陆民众殿后。这种排序，和各地平均收入的排序一模一样，也一点都不偶然。

当经济发展、所得上升之后，不但工作态度慢慢变化，思想观念也在不知不觉里巧妙转折。当自己的景况改善，自我感觉良好之后，连带的将心比心，也会对别人开始关怀。这个过程很缓慢，涓滴累积而成；这种变化和政令倡导无关，也和奥运得几面金牌无关。在中国大陆，"向前（钱）看"通常含有贬抑和嘲讽的意味；稍稍思索，其实"向前（钱）看"有非常积极和正面的含意！

# 海峡两岸的同与异

两岸问题不仅是益智游戏的题材；长远来看，也攸关华人文化的兴衰荣枯。

大陆的面积大约是 960 万平方公里，人口有 13 亿；台湾和离岛的面积是 3.6 万平方公里，人口有 0.23 亿。两相对照，当然不成比例。因此，把大陆和台湾放在一起做文章，似乎不折不扣是错误模拟。然而，说也奇怪，一水之隔的大陆和台湾，确实有许多相同相异之处。

对中国大陆而言，历史上从来没有像目前一般，居于这么重要的地位。回顾几千年的历史，即使历代王朝都自诩为"中心王国"（The Central Kingdom），也接受来自四周藩属的朝贡，可是这些虚荣，只反映了中国是地区性的老大、自我感觉良好而已。对于世界局势，没有呼风唤雨的实力，也没有那种企图。

今天的中国大陆，当然已不再是地区性的老大。舰队已经开进印度洋，在非洲外海护渔；人民币的重要性与日俱增，已经挑战美元的地位，早晚会成为国际货币（之一）。无论在经济、军事、政治等方面，大陆的举措已经是全球瞩目的焦点。美国和中国，是无从否认的超级大国。在华人历史上，曾经出现过这种景象吗？

对台湾而言，历史上也从来没有像目前一般，居于这么重要的地位。甲午战争之前，台湾只是大陆东南沿海的一个岛屿，居民不多，经济战略等价值也不高。被割让给日本之后，成为日本向南扩充势力的跳板。然而，台湾真正踏上国际舞台，是一九四九年国民党政府内战失败，两百万居民渡海来台。

台湾摇身一变，成为冷战时期西方围堵政策的重要环节；当中国大陆改革开放后，台湾更成为美国牵制竞争对手的棋子。不知不觉的，台湾成为两个大国中间，地位微妙的"关键少数"。在台湾的历史上，曾经出现过这种景象吗？

对大陆和台湾而言，两岸关系都是微妙而重要的议题。在处理台湾问题上，对大陆而言，香港回归是极其重要的里程碑。回归之前，担心资本流失（capital flight）；回归之后，北京强力支持之下，香港股市房市逐渐回春。经过 SARS 事件，香港风声鹤唳，如惊弓之鸟；北京推出自由行，发动人海战术。结果，香港民众对北京的向心力大幅上升，彼此关系日趋巩固。北京信心大增，对台湾也转而放低姿态，以表里兼顾的软实力做工作、下工夫。

在处理两岸关系上，对台湾而言，美国是极其重要的参考坐标。二次大战前，美国不过是侵略中国的诸多列强之一；战后，因缘际会，美国和台湾形成"伙伴关系"。台湾把美国看成"老大哥"，在军事外交政治上，"无不以美国马首是瞻"。即使处理的是华人社会内部事宜，都以"靠紧美国为最高指导原则"。

在各种因素的交互作用之下，大陆正积极锻炼身手，准备扮演好国际社会里老大的角色；台湾却在原地踏步了近二十年，耗费了大好的光阴，却没有提升自己的竞争力。大陆以香港经验为师，正巧妙地处理两岸关系；台湾却习惯性的"以美国为靠山"，对自己没有恰当的定位，也还没有找出对自己最有利的轨迹。

两岸问题不仅是益智游戏的题材；长远来看，当然也攸关华人文化的兴衰荣枯。


## 大陆法学院见闻——发现经济学中的"创造性破坏"

突破性的做法，反映了教育方式上的弹性，也反映了大学本身的自主性。


我曾利用学期休假，访问大陆几个法学院，讲授一门密集课程：法律经济学。三个学校都是名列前茅的大学，各待四周，所见所闻稍有所感。

第一站是上海交通大学法学院，位在郊区的校园面积辽阔，校内都要以交通车来回疏运。校园里，有台湾交通大学毕业生捐赠的两排树木，反映两岸学术交流的状态，也反映两岸交大特殊的渊源。我的课开在研究所，硕博士生都有。值得一提的是，近四十个学生里，有十五位是第一届"法特

189

班"的学生——由大三几百位学生里，甄选出优秀同学，跳过大四直接读研究所。而且，把我的课列为必修，旁听的还有好几位老师。

第二站是浙江大学光华法学院，位在钱塘江畔的之江校区里。学院依山而建，环境幽雅秀丽，很适合安心读书做学问。然而，法学是社会科学，要由人群生活里汲取养分，离世索居，有点冷清，有时被尊称为"光华佛学院"。学院冠名光华，是因为台湾的润泰集团捐赠两亿人民币，成立基金，挹注办学。

研究生里有几位是"本科直博"，是由大学生中筛选优秀人才，直接攻读博士学位，希望能加速人才养成，提升竞争力。院长罗卫东教授，是一位经济学博士。放眼全中国，在法学院任职的经济学家，他很可能是第一位。

第三站的吉林大学位于长春，是东北三省的学术重镇。法学院历史悠久，地位崇高；大陆几百所法学院里，吉林大学法学院的排名一直在前五六名之内。而且，"文革"时期，整个大陆只有两个法学院继续招生，一所是北京大学，另一所就是吉林大学。

校园里两排杏树，一年只开花十余天，我刚好躬逢其盛。在清冷的空气里，银白和粉红的花树绵延而去，非常别致壮观。当然，校园虽然平静，课堂里却完全是另一番景象。吉大法学院有良好的法理学传统，遇上经济学，少不了有一场厮杀搏斗。结果是，根据学生课程结束的报告："老师与义和团之间的战争，最后以义和团投降告终！"

有几点感想值得记下，也值得稍作引申。首先，课程弹性安排，四周内上完；以我所知，台大可能就没有这种弹性。其次，不论是大三直升硕士班，或大四直接读博士班，都是突破性的做法，反映了教育方式上的弹性，也反映了大学本身的自主性。

最重要的一点，还是关于"法律经济学"。这个领域奠基于 1960 年，早已蓬勃发展。1951 年，美国芝加哥大学法学院，就聘了第一位经济学者；今天，任何一个稍具规模的法学院，都有经济学家任教。然而，在台湾，对于经济学和经济学者，法学界的态度多半是保持距离、于我何有哉。因为社会已经稳定发展数十年，法学似乎自给自足，相应不理可以说事出有因。相形之下，历经"文革"动乱，中国大陆法学界在思想上类似处于真空，对于各种学说，反而是一种开放接纳的态度。各种学说思想，百家争鸣，百花齐放，不管是黑猫白猫或花猫，让证据来说话，能抓老鼠的才是好猫。

抽象来看，这种现象反映了大陆法学界的后发优势，也反映了台湾法学界的先发包袱。刚好呼应了社会学学者马克·格兰诺维特（Mark Granovetter）的体会：强健的弱点（the strength of weak ties）和弱健的长处（the weakness of strong ties）。这是学术发展上的特殊现象，本身就是有意义的研究课题。

当然，两岸法学院有很多共同点：强调传统、注重伦理、紧抓 SSCI、TSSCI、CSSCI（美国，以及中国台湾、大陆社会科学引文索引）等等，也就不在话下。

# 要怎么收获"两岸共赢"

当尘埃落定，一切趋于稳定时，两岸交往，必然是一种互蒙其利、唇齿相依的关系。

两岸三地之间的点点滴滴，有些如造化弄人一般，令人哑然失笑；有些则是暗含机运，可以见机而作，乘势而上；当然，也可以视而不见，过眼烟云。

和台湾相比，无论在法治、专业程度、敬业精神上，香港都超过台湾。另外，台湾和大陆的爱恨情仇要复杂得多。然而，因缘际会，经过几十年的"对峙"，大陆同胞从小朗朗上口的"宝岛台湾、阿里山、日月潭"，曾几何时，竟然变成每年以亿万计的观光商机；甚至，单单是"陆客"这个概念，已经把台北的房地产，往上推抬了好几成。

有趣的是，经过近十余年的发展，两岸的关系越来越密切。时至今日，在大陆工作、生活、求学的台商、家庭或学生，已经超过230万人，是台湾人口的十分之一。然而，即使如此，台湾有些角落里，还是有些人把大陆看成是"敌人"，以一种"势不两立"的心情，视之如"寇雠"①。而在两岸交

---

① 读作 kòu chóu，视如寇雠比喻极端仇视。

往上，却大玩两手策略：一方面高喊"狼来了"；一方面主动向"狼"献媚示好。

在两岸关系上，台湾社会的各个部门的步调不一、快慢有别，可以理解。可是，对老百姓而言，与其等台湾政府部门进两步退一步，不如在时代的变局中，顺势而为，自求多福。具体而言，由地理位置、历史渊源、文化语言等因素着眼，再考虑近年来发展的速度，两岸未来的关系，无须水晶球就可以判断。长远来看，当尘埃落定，一切趋于稳定时，必然是一种互蒙其利、唇齿相依的关系。

台湾和大陆在规模幅员上，如同是戴维和巨人，差距悬殊。这意味着，台湾对大陆的依恃程度，要大于大陆对台湾。由一些蛛丝马迹，已经可以见微知著，除了台商，台湾的演艺人员、作曲家、画家、作家，已经慢慢"登陆"，在更大的舞台和市场上，渐渐发光发热。

魔术家刘谦，是一个耀眼的例子。如果他留在台湾，大概就是在夜店、庆生会、尾牙等场合讨生活的打工仔。因缘际会，他在大陆成为万人迷，广收门徒，成为巨星。可是，到大陆发展的台湾同胞，包括刘谦在内，都是在离开学校、进入社会后，靠自己一番摸索前进，所耗费的时间，所经历的波折，可想而知。

相形之下，比较好的做法，是在读大学时，就透过校际合作，到大陆游学一个学期或一学年。不是走马观花，而是透过正常的生活和学习，深入了解大陆的脉动。而且，只要伸出触角、张大眼睛、打开心胸，充实自己的数据库，无论毕业后何去何从，大陆经验都将是可观的资产。

由于台湾政坛上的蹒跚倾轧，台湾的公立学校不容易大幅度推动学生"登陆"游学；然而，私立学校束缚较少，刚好运用比较优势。任何一所台湾的私立大学，如果在四年课程中，能让学生在大陆学习至少一个学期，甚至到众多台商的工厂实习，对学生的竞争力，显然有相当的加分作用。这么做的学校，想必会得到学生家长的支持，在台湾日益艰困的大学招生战里，可望独树一格地杀出血路。

当然，当越多的年轻人到大陆生活和学习，除了他们本身竞争条件提升，额外带来的"和平红利"反而可能相形见绌，不值得大惊小怪。

## 台湾有什么特别

过分执著于目前的做法，等于是放弃了改善和求变的可能性。

在某些时刻、某些地方，只要提起"台湾"这两个字，似乎会立刻散发出特别的魔力，激起特殊的情怀。然而，在考虑公共政策时，台湾这两个字的意义如何，倒是值得仔细斟酌。

因缘际会，多年前我曾参与一个项目研究，探讨在台湾开放赛马的可行性。因为"赛马"太惹眼，所以希望搭公益彩券的顺风车，以"竞技性彩券"的方式，在"立法院"附带过关。既然涉及运动，所以在"教育部"办了几场公听会。与会代表之一是宗教界人士，她极力反对，理由是："赛马时马儿跑得汗流满身，精疲力竭，对动物太过残忍。"我提醒她，根据她的逻辑，奥运会也应该停办，因为奥运会里的诸多项目，运动员都是汗流浃背、精疲力竭，对这些万物之灵太过残忍。

在台湾，赛马前所未有，当然是令人侧目。然而，我当时看到的资料是：在世界上超过两百个国家和地区里，一百多个国家和地区有赛马。那么，在这么多地方、这么多人口里，赛马都可以成为社会正常活动的一环，为什么台湾如此特别，就是不适合赛马？这是二十年前的往事，现在台湾还是不能办赛马，马迷们只好透过网络观赏下注，白花花的钞票和税金平白往外送。

无独有偶，我在台湾长期任教，但是在香港和中国大陆，都各待过一年以上的时间，对于各地的诸多差别，有机会身临其境，直接体会感受。在民主、法治、经济发展、收入分配等等大哉问之外，一般的庶民生活，至少有一点台湾是独树一帜——我指的是麻将馆！

无论在哪里，华人社会的"国粹"都大行其道。然而，虽然体制不同，香港和大陆都容许麻将馆公开营业。麻将馆

195

的设备服务和收费当然各有差别，但是内容相去不远，除了有专属的房间，牌友们还可享受不时送上的毛巾茶水，还有各式餐饮点心。麻将馆 24 小时营业，愿者上门。这是三百六十行之一，提供就业机会，也向政府按时缴税。台湾的雀友们，人口并不少，台湾大学里，还有麻将研究社。然而，台湾为何如此特别，不让民众享有上雀馆的自由和权利呢？

最后一个例子，就是大学里的体育课。台湾的大学教育里，把体育课列为必修。过去是四年都要上体育课，现在已经缩减为两年。据了解，世界各国各地区的大学里，将体育订为必修的，屈指可数；只有在所有国家和地区的中小学教育里，体育才是必修。那么，台湾为何如此特别，大学非要把体育设为必修不可呢？

在这三个事例里（赛马、麻将馆、体育课），台湾的做法都是自成一格、与众不同；有什么特别的原因，非如此不可呢？当然，"其他国家和地区如何，我们也该如何"，逻辑上有潜在的问题。根据这种逻辑，其他国家和地区有多少艾滋病、吸毒人口，我们似乎也该有多少这类人口！错误的模拟，自然不足取。然而，在考虑公共政策时，其他国家和地区的做法、经验，确实可以作为参考的基准。在第一层次的分析（first-order analysis）上，有前车之鉴和殊途同归的参考价值。过于强调台湾的特殊性，等于是忽略了其他社会可贵的经验；过分执著于目前的做法，等于是放弃了改善和求变的可能性。

台湾有什么特别？台湾当然很特别，台湾有举世唯一的阿里山。然而，台湾也和世界上其他地区一样，有着基本上善良的人民；也和其他地区一样，有着四季运行不坠的春夏秋冬。

# "吻"一下，值两百万

由社会整体出发，琢磨权利的意义，或许更能见树也见林。

对于下面这桩意外，大部分的人会觉得惊讶、庆幸，甚至有点幸灾乐祸的意味；但是，事实明确，很少人会质疑是非对错。

大陆温州地区的一位妇女，开雅阁（Accord）车上路，在市区里转弯时，不小心擦撞一辆静止的轿车。交通警察到场鉴定，肇事过失在妇女，要负责损害赔偿，问题是，被撞的是一部劳斯莱斯（Rolls-Royce），市价一千一百万人民币。据初步估计，修车若用原厂配件，前后大概要200万人民币，而妇女所投保的意外险，最高理赔是20万。媒体报导妇人名下有两套房子，大概只好卖了，还不一定能善后。对于这则社会新闻，有家报纸用的标题是："吻一下，值200万！"

根据传统法学见解，这个擦撞事件非常单纯：被撞的车停着不动，撞车的要负完全责任。投保金额不足，要自己负责。毕竟，人民的财产权（包括劳斯莱斯），要受到完整的保障。对于社会大众的启示是：开车要小心，特别是接近高级轿车时；还有，投保时不要小气，最好未雨绸缪。

然而，虽小道，必有可观者；由特殊事件里，往往可以萃取出有意义的信息，甚至，可以借机检验某些习以为常、被视为理所当然的概念。首先，有极少数的人脑壳脆弱，名为"蛋壳头"；别人不知道，自己可是一清二楚。走在马路上，万一被别人不小心撞上，跌倒受伤内出血，后果非常严重。身为"蛋壳头"，自己需不需要采取一些防护措施？其次，有些人好尚特殊，养老虎当宠物。如果牵着驯养的"大猫"逛街，等于是把极端危险的东西（ultra dangerous），带进人们活动的空间。万一有了闪失，养虎人是不是要承担责任？

以这两个例子为基准，对于劳斯莱斯的擦撞事件，也许就会有不同的解读。劳斯莱斯名车极其昂贵，进入一般人的生活空间，万一有了闪失，即使是别人所造成，自己也该承担某种责任。原因很简单，这就像古董玩家，手捧极其珍贵的茶壶上大街，一旦出了什么意外，自己也有部分责任。一般人的生活空间里，只有一般的风险；有人把不寻常的风险带进来（老虎、古董），就要承担部分或全部的责任。

还有，"蛋壳头"最知道自己的情况，最容易采取防范措施。同样的道理，名车车主最知道自己车子的身价，也最能预为之计，如先买充分的保险、少开进人多车多的地方等等。因此，处理擦撞意外的关键时点，并不是在擦撞的那一刹那；而是更早的时候，也就是买名车代步的那个时点。

事实上，由这个特殊事件里，还可以探讨更根本的问题：权利如何界定？又是根据什么原则？稍稍琢磨就可以发现，权利的赋予（买车、开车、饲虎、玩壶、"蛋壳头"、逛街），都不是绝对的；各种权利所享有的空间、都有一定的范围，受到相关条件的影响——你有买或者开劳斯莱斯的权利，我也有开车上路无须提心吊胆的权利。权利的界定，不是根据天赋人权或抽象的哲学思维；权利的结构，是希望能使社会的快乐、财富、资源等等，愈益丰饶。对于权利，传统法学往往是由"基本人权"着眼，由个人出发。换种角度，由社会整体出发，琢磨权利的意义，或许更能见树也见林。在复杂的现代社会里，这种思维方向可能更有解释力。

国父孙中山尝言："人尽其才、地尽其利、物尽其用、货畅其流。"抽象来看，这正是考虑权利结构的基本原则，当然也适用擦撞劳斯莱斯的善后。

## "序"中有"乱"

就台湾而言，是在相对脆弱的法治基础上，民主骤然大鸣大放；结果，是在发展民主的同时，也拷问了法治的韧性。

随着两岸互访的游客日渐增加，经过接触和对比，台湾民众对自己的了解，也越来越高。当然，除了好坏高下的臧否，最好也能萃取出一些启示和智能。

在两岸三地里，台湾是公认最"文绉绉"的地方：一般老百姓的举止比较从容，步调比较不疾不徐，人际互动比较文明有节。这是大致的印象，当然个别差异很大。有这种结果，原因大致清楚：二次大战、国民党政府退到台湾后，社会已经稳定发展了五六十年；经济快速成长，一般人的物质条件已经小康；教育普及，国民至少都受过九年的义务教育。这些因素交互运作之下，台湾社会呈现出一种井然有序的情况。过去争先恐后挤公交车、随地吐槟榔汁的景象，早已褪去。捷运上的"博爱座"，更间接诱发出礼让、为他人着想的作为，甚至已经成为新的风俗习惯。

然而，和种种令人称道、与有荣焉的景致相比，台湾在另一个领域的现象，却令人不敢恭维、令人困惑、也令人忧心——公共领域里的是非不明、价值错乱。台湾举行领导人选举时，原本是无中生有的事，可讲的人大言不惭，听的人信誓旦旦；然而，在媒体上炒作一段时间后，就以"乌贼战术"① 不了了之。在个人领域里，很难想象会有这种作为；在公共领域里，影响层面更大，却似乎可以为所欲为，不计后果。两相对照，非常奇怪。可是，为什么呢？仔细琢磨，也许能稍稍掌握这种对比的曲折、来龙去脉。

---

① 台湾地区解释的"乌贼战术"是指，在领导人选举中，当一个人或一个政党本身已是丑闻缠身，就干脆把"脏东西"也喷到对手身上，借着把所有人都"弄脏弄臭"，来遮盖自己的丑闻。

就全球来看，在政治领域里，有几道防线可以捍卫社会的价值。首先，当然是政治人物的自我要求，能避免颠倒是非、指鹿为马。这道防线一旦失守，第二道防线就是社会大众的舆论；对于政治人物的逾矩言行，如果舆论能发挥作用，陆梁①们将失去公信力，只好黯然退场或下台——尼克松下台，不是因为国会决议，也不是因为司法判决，而是因为民众的反应。

　　如果舆论这第二道防线也失守，只好退到第三条防线，也就是法律。然而，法律运作需要时间，选举时的伎俩，即使事后澄清，早已事过境迁、缓不济急；"假录音带"② 和"走路工"③ 的事件，是典型的例子。在台湾，选举时三道防线都失守的情况，不胜枚举。那么，为什么在私领域里，大家有礼有节，一旦涉及公领域，却荒腔走板呢？也许，有些更深沉的原因，值得琢磨。

　　仔细想想，对台湾而言，选举其实还算是"新生事物"。

---

　　① 代指嚣张、猖獗、横行霸道的人。

　　② 1998 年，国民党高雄市长候选人吴敦义在竞选期间，被爆料有绯闻录音带，随后民进党高雄市长候选人谢长廷以微弱优势胜出当选。2006 年，前高雄市议员陈春生爆料，"录音带"之说是谢长廷所为，旨在抹黑竞选对手。

　　③ 源于闽南语"行路工"，是代劳报酬的文雅说辞，在选举中指小额买票行为。2006 年，高雄市长选举前夜，民进党候选人陈菊阵营突然召开记者会，爆料国民党候选人黄俊英阵营涉嫌贿选，黄俊英在随后的选举中以微弱差距落选。后黄俊英控告黄菊阵营是靠抹黑竞选对手获选，一审胜诉，而二审被判败诉，审判结果逆转。

虽然从1949年开始，台湾就实行"地方自治"、办理各项选举。可是，在国民党独大、威权主政之下，选举的形式意义大于实质意义。1987年解严，开放党禁报禁，台湾的社会大众才真正开始参与选举活动。

如果在选举中获胜，权力会带来直接、间接的好处；因此，极尽巧思的怪招奥步，纷纷出笼。如果侥幸得逞当选，司法通常不会追究；万一落败，司法也不再打落水狗。潜在利益很大，潜在风险成本有限，两相结合，就诱发出千奇百怪的作为——"割喉割到断"的说法，相当传神地反映出这种思维。

和香港相比，台湾并没有坚实的法治传统；香港先有法治，再发展民主，行为的施展空间以法律为指标。就台湾而言，是在相对脆弱的法治基础上，民主骤然大鸣大放；结果，是在发展民主的同时，也雕琢法治的韧性。两种价值彼此支撑，蹒跚向前。

由文化和历史的角度，比较容易体会台湾地区的选举现象；然而，这似乎也意味着，走上康庄大道的轨迹，可能也需要雕塑历史和文化的漫长过程。

# 台北，停滞的宝岛风情画

大陆民众所接收的信息，是身为一个大国国民和世界公民，所该累积的数据库。

"台北加州"，是台北地区推出的一个建筑案例；取名加州，大概是强调小区的日照充裕，又有美式风格。那么，"台北杭州"的含意又是如何呢？两者的牵连，最好由较大的场景着眼。

在大陆生活，看中央电视台（十余个频道，涵盖新闻、戏剧、音乐、文化、科技、体育、少年等等）的节目，是很有趣的经验。新闻报道里，不同的领导人到世界各地访问，或在国内接见来访的各国政要；海军派出船舰，到非洲外海巡弋护渔；驻联合国代表在安理会里合纵连横，如此等等。

晚间新闻过后，有时事对谈，除了邀请专家，主持人还立即连线驻叙利亚、南非、南美洲、北欧等地的特派员，深入解析当地局势发展。耳闻目见，中国内地的崛起，已经不是疑虑或预言，而是事实。大陆民众所接收的信息，是身为一个大国国民和世界公民，所该累积的数据库。相形之下，台湾的新闻频道很多，但是内容狭隘，地域性色彩浓厚。新闻过后的谈话性节目，是关于遭外星人绑架、日籍旅客殴伤出租车司机等等，津津有味而乐此不疲。两相比较，对于国民信息和视野的影响，相去真是不可以道理计。

当然，考虑大陆和台湾的各种主客观条件，这种差异不是偶然，而是时势所趋，理所当然。台湾（"中华民国"），早已不是当年那个"开罗宣言"的签署国之一，也早已不是联合国安理会的常任理事国之一。在历史长流中，台湾所经历的轨迹，不妨驻足而稍稍回顾。

二十世纪前后，对于台湾而言，有几个重要的时点清晰可见：1895 年甲午之战后，中（清朝）日马关条约，把台湾割让给日本。1945 年第二次世界大战结束，日本把台湾移交（归还）给中华民国。1949 年国民党政府内战失败，200 万军民渡海抵台。1950 年朝鲜战争爆发，美国宣布"协防台湾"，使台湾"免受大陆的军事威胁"。

过去的半个多世纪里，台湾的经济快速发展，中产阶级形成，要求更多权利；1987 年国民党宣布解除戒严，开放党禁报禁，开始大幅度民主化。2011 年，在"九二共识"和"两岸三通"的基础上，正式签订"经济合作框架协定"（ECFA）。两岸交流日益密切，彼此合作互惠、共存共荣，已经是不可逆的走向。

尽管两岸关系稳定发展，渐入佳境，对台湾加分的效果逐渐显现，台湾内部意识形态之争，还停留在"爱台卖台"、"本土外来"的口号激情里。连带的，公共政策推展不易，经济发展停滞，处于一种狭幅的格局。2000 年，台湾实际年人均收入是 14，599 美金；十年之后，2010 年的年人均收入是 16，471 美金。在这种主客观条件之下，台湾地区要维持经济高度成长，追上美日的国民收入水平，在可以想象的未来（三五十年之内），除非有奇迹，否则大概不容易实现。比较可以预期、比较合理的，是台湾维持目前的轨迹，成为一个小康、相对稳定、不上不下的中等收入地区。

放眼望去，和大陆相比，台北（整个台湾宝岛）呈现出一种安和乐利、优雅休闲、从容不迫，但也不思进取的生活步调。


## "关系"在两岸三地的不同地位

当专业化程度提升，人际网络的重要性就会下降，这是经济活动的副产品。


我在台湾出生成长、工作生活，曾在香港客座任教；学期休假间，又曾至中国大陆游学讲课。对于各地之间的种种差异，一直带着兴味和好奇。而且，不只是旁观琢磨而已，总希望站在社会科学研究者的立场，思索有所得之后，能发而为文，记下自己的所见所思，也为社会科学增添新的智慧。

借着一些具体的数字，当然可以反映各地的不同，譬如收入水平、电话数、汽车数、用电量等等。然而，这些冷冰冰的数字，不容易传递社会的脉动，也无法反映一种动态的变化。而且，单单是收集这些数据，并没有智识上的兴味，也不容易得到学术上的共鸣。最好能别出心裁，见微知著；既能生动刻画三个不同社会的特色，也有智识上的趣味。

具体的做法是，我想设计一份问卷，拟定一些问题；然后，征询各地的学子，在实际生活里，如何处理某些情境，例如：亲友生病，必须住院，找病床需不需要透过人际关系？开车违反交通规则，被开罚单，是否可以透过关系，取消罚单？到银行申请房屋贷款，需不需要托人帮忙？大学入学甄试，请人帮忙是否有用？还有，最近一个月里，在公共场所（地铁、马路、商店）有没有看过陌生人吵架？

这些问题所描绘的情境，都和日常生活经验息息相关。对每个人而言，只要反身自问，答案直截了当。在不同的社会里，通常是以不同的方式来面对和处理这些问题。越有"人情味"的社会，很可能就以人情为工具，周旋因应。至于在公共场合吵架对骂，恰巧是人情味的反面——对于人际网络之外的人，可能就以不顾人情（没有人情味）的方式，处理彼此之间的摩擦和争端。

而且，这些平凡无奇、柴米油盐似的问题，其实和学理上的论述关系密切。具体而言，透过这些问题的比较分析，可以整合社会学和经济学的相关理论。社会学里，镶嵌（embeddedness）和社会资本（social capital）是两个非常重要的概念，也是发人深省的智慧结晶。

这两个概念，表面上是指不同的现象，其实有相通之处；人际之间，不是单独的个体，而是有某种联系，也有某种价值蓄积其间。相对的，在经济学里，交易成本（transaction costs）是重要的分析性概念，也是涉及人际之间的互动。因此，整合社会学和经济学的重要概念，本身就有智识上的兴味。这些学理上的概念，还可以和华人社会的特色——关系（guanxi）——联结在一起。

可是，有了问卷和问题，要怎么测试呢？我觉得，问卷的测试，可以有两个大方向：一方面，以大陆、香港和台湾的大学生或在职生为对象，主要目的是比较华人社会里人际网络的差异；另一方面，以大陆不同区域（一二三线等城市）的大学生或在职生为对象，主要目的是测试城乡差距，分析人际网络和都市化的关联。这些比较和对照的兴味所在，是希望能捕捉和描绘华人社会的人际网络；而且，稍作延伸，还可以进一步探讨各地（乃至于纳入新加坡）在民主程度、法治观念上的差异。

透过这个计划，在理论上可以整合两个学科里重要的分析性概念，并且和实际社会现象作联结。也可以利用镶嵌交易成本、社会资本、关系等广为学界所接受的概念为基础，探讨华人社会之间，以及华人社会之内的差异。因为历史因素使然，各地历经了不同的轨迹，也处于不同的状态。对于现有的差异作比较分析，并且探究背后的影响因素，可望发掘出一些关键性因素；在智识上和公共政策上，都有相当重要的含意。

客观上来看，在二十一世纪初，两岸三地之间，香港的居民所得最高，台湾次之，中国大陆殿后。同样的，就专业化等程度而言，排序也是如此。然而，在观念上，人际关系的紧密程度，刚好和收入、专业化等程度颠倒。也就是说，面对各种问题时，在大陆最可能动用各种关系，在台湾比较少，而在香港最少。大陆的大城市和乡村之间，也应该呈现同样的趋势，只是方向刚好相反而已。

　　这种现象背后的原因，其实也很简单。经济发展程度越高的社会，专业化的程度也越高，而且两者互为因果；专业化，是以工作上的专业表现，得到报酬和奖励。因此，产品越好，赚的钱越多。人们会花心思气力在自己的专业上，而不是去经营人际关系的网络。有趣的是，当专业化程度提升，人际网络的重要性就会下降，这是经济活动的副产品。而且，这个蜕变的过程，是由下而上，自然而然形成；政府由上而下、三申五令，也许有宣传的效果，但实际帮助不大。

　　虽然只是脑海里的构想，但是问卷调查的结果，大致方向似乎非常明确。经过比较对照，可以生动反映各地的差异。而且，这些调查结果也可以建档，几年之后，再作一次；然后，每隔三五年，定期重作。长期来看，这些调查会是另一种形式的纪录片，捕捉了三个同文同种的社会变迁的过程，也记录了这三个社会之间的距离。

　　如果能有一些志同道合或臭味相近的朋友，一起来拼图，相信能拼出一幅生动有趣、有启发性的图样。

# 化"古老"为神奇

两岸透过老祖宗文化资产上的交流，反而容易形成友善的对话，共存共荣。

香港城市大学，我曾两度造访授课。学校里有一特殊单位，名为"中国文化中心"。这个中心编制教材，而且提供诸多相关课堂，学生毕业前必须修习四学分。我十分好奇，华人文化悠久丰饶，可是，在传统文化和现实生活之间，如何跨越时空，作有意义的联结呢？

无论在智识或实务上，这个问题都很有挑战性。可是，虽然我曾记下困惑，却一直找不到着力点。有天参观一家公司，有台湾规模最大的数字输出设备，很多大厦外的大型广告、捷运站墙壁上的几米漫画等等，都是这家公司的产品。负责人介绍作业流程，指着天花板上整面的罗马壁画，说道："如果能取得（台北）'故宫'的授权，把国画先数字化，再整体输出，相信会得到很多消费者的喜好。"当时我脑中灵光一闪，"答案在此"！

台北的"故宫博物院"，公认是世界上最重要的博物馆之一。如果能透过授权，把收藏转化为各式产品，成为现代生活的一部分，将是重大而极有意义的工程，而且在文化传承上有里程碑地位。近两个世纪以来，和欧美文化相比，华人文化有断层的危机。八国联军、中日甲午之战、八年抗战、国共内战、"文化大革命"，这一连串的波折，对华人文化的延续造成重大的残害。因此，如果能借着台北故宫的收藏，透过文创产业的发展，就有可能修复并找回某些已经消逝的文化基因。

当然，台北故宫收藏的市场化和现代化，涉及的部门和层级很可观，所牵动的社会资源也非常广泛。以大学而言，首当其冲的，是和规划设计相关的系所；透过教学和习作，他们能培养出一批批的人才，把台北故宫的收藏转化为各种生活用品。其次是电子信息科系，不但可以参与台北故宫典藏的数字化，还可以协助材料鉴定等流程。还有，针对商品的市场化，商管等科系可以提供课程，使产品有更充实的文化含意。一言以蔽之，以一个具体的目标为指导原则，可以具体务实的设计课程、培养人才。

除此之外，"故宫典藏商品化"的政治意涵，自然也该考虑。纯粹由经济的角度着眼，在商言商，就像开发地底下的矿产石油一样，把台北故宫收藏看成是一种资源，当然值得利用。另一方面，大陆在世界各地广设"孔子学院"；相形之下，"台湾书院"在内容和吸引力上，都相形见绌。然而，如果以北京故宫和台北"故宫"典藏为基础，发展出相当规模的"华人文化产业"，那么，就文化传承而言，台湾将不但有正统的繁体字、唐宋元明清以降的文化内容，还可以和中国大陆互通有无，共同传承和发扬华人文化。

事实上，只要经过几年的努力，一旦台湾发展出"故宫典藏现代化"这个产业，自然会吸引众多大陆学生来台学习；而且，显而易见的，台湾将成为华人文化的中心之一，吸引大批欧美等外籍学生。此外，在现实的政治上，两岸之间还有诸多疙瘩纠结不清，透过老祖宗文化资产上的交流，反而容易形成友善的对话，共存共荣。


# 层层审核中的"雁过拔毛"故事

层层审核，等于人人都有否决权。


经济学的文献里，草原的悲剧（tragedy of the commons）广为人知，已经是传统智慧的结晶之一。

故事很简单，大草原上，人人可以牧牛放羊；结果，每个人照顾好自己的牛羊，草原却被消耗殆尽。这故事的启示，不一而足：很多时候，每个人都选择对自己合情合理的行为，汇集之后却出现不好的结果。抽象来看，大家对公共事物袖手旁观、坐享其成，也是一种草原的悲剧。

美国法律学者迈克·海勒（Michael Heller），福至心灵，为这个传统智慧添上新意。他曾到解体后的俄罗斯参访，在莫斯科看到一个奇特的现象：大马路旁的店铺，窗户阖上，大门深锁，无人营业；在不远处的巷弄或空地上，简陋建材的临时店铺里，却是人声鼎沸，络绎不绝、商机盎然。

经过思索和查访，海勒找出真相所在。原来，大马路旁的店铺，地点位置好则好矣，可是要申请营业许可，却必须经过层层关卡。水电、安全、消防、卫生等等，有一长串行政程序。只要有一个单位摇头，一切喊停，前功尽弃，平白损失可观的人力、物力。结果，人们宁愿在旁边的临时建筑里，开张营业，只要照顾好"地头蛇"（警察和黑道），就可以大发利市。

海勒认为，层层审核，等于人人都有否决权；这种情形，和草原上人人都有使用权，刚好是明显的对比。他名之为"逆式草原"（anti-commons）。文章一发表，立刻引起广泛的重视。

社会上，确实有许多"逆式草原"的例子。生化或信息科技里，许多发明都有各自的专利。可是，单一个别的专利，无济于事，必须把一连串的专利结合在一起，才能组合成一个商品。然而，只要其中有人拿翘（hold-out），好戏就无法上台。大学系所新聘教师，聘审会多半采取相对多数决定（超过三分之二同意），结果，少数人（大于等于三分之一）反对，就晋用不了新人。

草原、公地和"逆式草原"，刚好标出了两个极其特殊的端点：一个是资源耗竭，一个是资源冻结。对社会而言，这两种情形，当然都是资源误用、极端的无效率。不过，大千

212

世界里，有形形色色的交往互动，这两种情形，只是相对的少数。那么，在这两个端点之间，有没有介于其间的做法和现象呢？

我在中国大陆游学，听到许多趣闻掌故，"雁过拔毛"就是其中之一。层层审核，处处关卡，无所谓，只要一路给好处，就能一路过关斩将。皆大欢喜，人人有奖，事情也办成了，就是"雁过拔毛"。然而，这种你知我知的潜规则，只能在台面下运作润滑，不能曝光明示。那么，学术研究上，如果要"拿证据来"，怎么办呢？经过琢磨，我认为至少有一个小信息，可以提供间接的佐证。

大陆的香烟种类繁多，不足为奇，重点是，价格分布非常广，最便宜的，一包人民币 2 元（约新台币 9 元）；贵的，一包人民币 200~300 元（新台币 900 到 1300 元）。试想，烟就是烟，需要抽一根人民币 15 元（新台币 70 元）的烟吗？相当程度上，贵的烟是作为礼物，送给领导和相关人士，表示敬意以打通环节。

收香烟不是收现金，不构成行贿；但是，高价烟虽然不是现金，却几乎等于现金，因为有人会以折扣（五六折上下），回收转售。因此，香烟价格的分布，在大陆、香港和台湾，有非常明显的差距，除了反映瘾君子的差别，或许也反映了"雁过拔毛"程度的高低。

大陆除了香烟，还有其他的东西也具有"准货币"（pseudo-money）的功能，诸如月饼提货券、发廊足浴储值卡等等。当然，对于"软货币"的探讨，只能算是"雁过拔毛"故事的续集了。


## 台湾经验停看听


台湾的问题是，文化传承里还没有孕育出"政党政治"的思维，也没有发展出超然独立的司法。


十年，由历史的角度来看，只是吉光片羽；然而，对于处在二十一世纪初的社会而言，已经是相当长的一段时间。台湾，是华人社会中的"宝岛"，十年来变化如何呢？

借着具体的数字，可以稍稍反映。1996 年，台湾的年人均收入是 11,522 美元，爱尔兰是 16,800 美元。十年之后，2006 年，台湾是 15,631 美元，而爱尔兰是 49,984 美元。两相对照，彼此消长，相去真是不可以道里计。

短短十年之间，竟然有这么大的差距。"宝岛"台湾，似乎在时空的脉流里原地踏步。为什么呢？最简单的答案，当然是民进党（或陈水扁）所造成；民进党执政后，口头上是"拼经济"，其实是"拼政治"。八年执政，加上之前李登辉操弄意识形态，挑拨族群问题，结果"政治空转"，经济停滞。

如果答案真的这么简单，那么对症下药：换一个政党执政，换一批人上台，就足以振衰起敝。台湾经济，将再回到美好的旧时光里。然而，真是如此吗？"圣人出、黄河清"的期望，有点像是"天下大势，合久必分，分久必合"的思维；说起来顺口，想起来理直气壮，其实经不起事实的检验。

台湾的问题，有表象，也有深层。两个表面上的问题，占据了媒体的版面，也耗费了民众的心思。首先，是"统独问题"。国民党政府退到台湾之后，一直以"统一"为职志，有相当长一段时间里，（至少表面上）"大一统"的思维是社会的主流。然而，几十年的发展之后，这种思维即使没有完全消失，至少已经不再是社会的主流。继之而起的，是"台独"和"维持现状"这两种立场，它们持续成为"台湾政府"的内部议题，也持续耗费民众的心力。

其次，是文化认同的问题。在文化传承和延续上，台湾是华人文化的一部分，毫无疑问。然而，"独立"和"去中国化"这两种诉求，刚好可以彼此援引；因此，"台湾政府"在政治上的利益考虑，影响到文化的自然发展。"去中国化"所引起的议题，看起来虎虎生风，口号上喊得震天响，然而，也只是问题的表象而已，并不是真正的关键所在。借着一层层的抽丝剥茧，也许可以慢慢找出问题的核心。

现阶段台湾的主要问题，可以说是公共政策失灵。虽然选举定期举行，"国会"如常聚会议事；可是，公共政策不能反映台湾中产阶级的心声，也不能推动社会进步。公共政策没有提供好的环境，让经济活动更上层楼，让民众可以追求自己的福祉。造成这种上不上、下不下的状态，大概有两种

215

主要的原因。一方面，整个社会的运作，还没有形成稳定的多元价值——政治、经济、社会等主要部门，有各自的空间，即使其中之一不上轨道，其余的部门还是可以生气蓬勃，各领风骚。可惜，现阶段台湾还是"政治部门"主导，其他部门附属遵循。

另一方面，"政治部门"本身，也没有上轨道的制衡。如果在台湾的"行政"、"立法"、"司法"三大部门之间，已经有彼此支持、彼此制衡的力道，那么，"行政部门"不至于揽权独大。可惜，国民党执政时，固然是行政权凌驾其余；民进党执政，依然如此。民进党对选举和权力的兴趣（和能力），大过于对公共政策的兴趣（和能力）。两种原因交互运作之下，台湾公共政策混沌不明。经济活动的潜能，民众追求幸福的积极性，都没有发挥展现的空间。台湾地区和爱尔兰年人均收入增比的差距，是鲜明深刻的对比。

然而，进一步探究，为什么台湾社会既不是"多元价值"，又没有形成"三权制衡"呢？一部分原因是，二次大战之后，台湾的经济百废待举，不久，国民党政府在内战中失败，撤退到台湾。因此，由 1945 年（二次大战结束）或 1949 年（国民党政府退到台湾）算起，到 2007 年，也不过才半个世纪左右。要在短短几十年之内，发展出稳重扎实的"多元价值"、彼此制衡的"三权分立"，当然是天方夜谭。

不过，这个表面的原因，固然明确可稽；深层的原因，必须探究更根本的文化和历史因素。在传统的华人历史里，一向是单一权威，也就是定于皇帝（天子）。这个至高无上的权威，是一切取舍的依据。单一权威的特质，也反映在文化的各个角落。传统的五伦，君臣、父子、夫妇、兄弟、朋友，都有尊卑从属的结构；即使是朋友，也会分出长幼的位阶。因此，传统社会里，人与人之间的关系，是伦常关系的延伸和拓展。而政治上的结构，又刚好以君臣明确界定。以史为鉴，目前台湾公共政策的决定、民众共同事务的处理，本质上就等于是家庭里的私事，透过从属和尊卑关系来处理，由单一权威来定夺。

台湾地区近年来原地踏步的窘况，其实正反映了传统文化的特质——上轨道的"政党政治"，是彼此在"平等"的基础上，和平共存，处理共同的事项，而这和传统文化"单一权威"的特质，刚好直接抵触。在台湾，"政党政治"已经粗具形式；可是，在实质内涵上，显然还在摸索酝酿。

更进一步，放眼全球，"政党政治"能正常运作，除了一般民众的支持，最重要的，是有超然独立的司法，能不偏不倚的，维持和捍卫公平的游戏规则。超然独立的司法，当然又是单一权威的传统文化所欠缺的。因此，表面上看，台湾的问题是"统独争议"、"去中国化"、"政治空转"、朝野恶斗。但追根究底，其实是文化传承里，还没有孕育出"政党政治"的思维，也没有发展出超然独立的司法，以维系公平的游戏规则。

# 国家需要多久才能成熟

新的体制，未必能抚平各方面的利益冲突，动乱内战等就是磨合期的轨迹。

根据传统智慧，"三十而立"，人需要三十年才算成熟。根据发展心理学者爱利克·埃里克森（Erik Erikson）的说法，经过五个阶段之后，人大概在 20 岁上下算是成熟。如果一个人需要二三十年才能成熟，那么一个国家呢？

对一个国家而言，创立之后，往往经过内战外患、不一而足的动乱，等尘埃落定，需要多少时间，才能步上稳定发展的坦途？探讨这个问题，不只有智识上的兴味，还有深层的政策含意。

问题虽然有趣，可是要找答案却不简单。到底要根据哪个或哪些指标，判断一个国家已经挣脱波折、踏上坦途？也许，两个指标，可以由质和量提供参考。由"质"的角度看，成熟是指内战等主要起伏，已经不再发生；由"量"的角度看，以经济稳定成长（譬如，每年成长 2%），连续 5—10 年，作为辅助的指标。探讨这个问题，毋庸外而求也，以我们自身为例，就可以稍稍体会国家诞生之后的曲折。

众所周知，1911 年 10 月 10 日，武昌事变之后，中华民国肇始，号称是亚洲第一个民主共和国。然而，几千年的帝制，并没有从此消失，袁世凯因缘际会，还曾自导自演黄袍加身、恢复帝制的丑剧。另外，民国时期，各地军阀崛起坐大，北伐过后，勉强算是全国统一。1937 年，当时的国民政府公布宪法，但只是徒有形式；紧接着是内战、对日抗战，而后二次大战结束、内战接续，国民党政府败退台湾。一国被迫分为海峡两岸。

国民党在台湾，除了发生"二·二八"事件①、"金门炮战"等等，大体上，台湾社会粗定。对于逃到台湾的国民党政府而言，由 1912 年到 1949 年，37 个年头才算是挣脱起伏，但所控仅剩一省之境。

再回头看海峡另一边的大陆。1949 年 10 月 1 日中华人民共和国开国，同时意味着"中华民国"退出大陆历史舞台。但大陆并没有从此天下太平。国民党这个敌人消失之后，"大跃进"、"工业学大庆、农业学大寨"，一连串的社会运动，给整个社会造成巨大损失。而后是"文化大革命"，1966 年到 1976 年，通称为"十年浩劫"，社会组织瓦解。

1976 年，毛泽东过世，包括江青在内的"四人帮"受到整肃，动乱终于过去。1982 年，大陆确定了"社会主义市场

---

① 台湾"二·二八事件"爆发于 1947 年 2 月 28 日。1947 年 2 月 27 日，国民党军警在台北打死了为减税请愿的商贩。2 月 28 日，台北市民罢市、游行请愿，又遭国民党当局镇压，激起了全省民众的愤怒，爆发了大规模武装暴动。几天之内，暴动民众控制了台湾大部分地区。

经济"的方向，终于挣脱梦魇。由 1949 年到 1976 年，27 个年头，大陆才算是走上坦途。加上先一步社会粗定的台湾，整个中国终于全部获享稳定。

放眼全球，影响国家发展轨迹的因素，当然有很多，包括人口、地理、历史、外在条件等等。因此，各个国家走上康庄大道所需要的时间，不一而足。不过，虽然时间长短不同，探讨这个问题，至少有几点重要的启示：新的国家之所以会出现，意味着社会上的资源分配和利益折冲，原有的政经体制已经无法有效处理。国家成立之后，会有新的政经体制；可是，新的体制，未必能抚平各方面的利益冲突，动乱内战等就是磨合期的轨迹。新体制和主要利益结构彼此适应之后，国家才算走上坦途。

再回头看中国的历史，整个中国总共花了六七十年，才勉强摆脱乱局。目前依然呼风唤雨的超级强权美国，由独立战争获胜（1776 年）到打完南北战争（1865 年），则是不多不少的 89 年。还有，其他国家呢？

熊秉元:《优雅的理性:用经济学的眼光看世界》
熊秉元:《正义的成本:当法律遇上经济学》
熊秉元:《解释的工具:生活中的经济学原理》

傅佩荣:《柏拉图哲学》
傅佩荣:《荒谬之外——加缪思想研究》
傅佩荣:《朱熹错了:评朱注四书》
傅佩荣:《孔子辞典》

文贯中:《吾民无地》(暂定名)
滕泰:《民富论:新供给主义百年强国路》
滕泰:《软财富》
高连奎:《一个经济学家的醒悟》

刘军宁:《保守主义》
刘军宁:《天堂茶话》
王小妮:《1966 年》

......

策 划 人：吴玉萍
产品经理：王　端
责任编辑：王　端
责任审读：刘淑芹
统　　筹：吴玉萍
封面设计：🅇所以设计馆＋韩　笑
责任营销：高玉梅　010-64021138
投稿信箱：dfyxpress@126.com